黛莱达传

李　希◎著

时代文艺出版社

图书在版编目（CIP）数据

黛莱达传/李希著．—长春：时代文艺出版社，2012.1（2021.5重印）

ISBN 978-7-5387-3904-6

Ⅰ．①黛…　Ⅱ．①李…　Ⅲ．①黛莱达，G.（1871~1936）－传记　Ⅳ．①K835.465.6

中国版本图书馆CIP数据核字（2011）第272440号

出　品　人　陈　琛
责任编辑　初昆阳
助理编辑　孙英起
装帧设计　孙　利
排版制作　隋淑凤

黛莱达传

李希　著

出版发行/时代文艺出版社

地址/长春市福祉大路5788号　龙腾国际大厦A座15层　邮编/130118

总编办/0431-81629751　发行部/0431-81629755

官方微博/weibo.com/tlapress　天猫旗舰店/sdwycbsgf.tmall.com

印刷/保定市铭泰达印刷有限公司

开本/710mm×1000mm　1/16　字数/145千字　印张/12

版次/2013年1月第1版　印次/2021年5月第3次印刷　定价/39.80元

图书如有印装错误　请寄回印厂调换

授奖辞

Award-winning Remarks

　　因为她那为理想所鼓舞的著作以明晰的造型手法描绘海岛故乡的生活，并以深刻而同情的态度处理了一般的人类问题。

——诺贝尔奖委员会

目 录

Contents

因为"她那为理想所鼓舞的作品，以明晰的造型手法描绘了她海岛故乡的生活，并以同情的态度处理了一般人类问题"，诺贝尔文学奖在1926年被授予格拉齐娅·黛莱达。黛莱达是第一位获得诺贝尔文学奖殊荣的意大利女作家，也是诺贝尔文学奖历史上第二位获奖的女性。

寻常作家避之不及的即是寻常，他们深恐情节不够离奇，情感不够激烈，燃尽自己的浮华想象，遗下零星文字如灰烬，风未起便已散，或混入尘埃行迹不清。而黛莱达只是俯身掬起故乡家园的一捧无尽的细沙，满怀温情和深意地细数，随指缝间源源轮回流下。一如英国诗人布莱克所言："一沙一世界，一花一天堂，双手握永恒，刹那是永恒。"

虽然她喜欢宏大叙事的作家作品，并且思想深受其影响，但她笔下并不见惯常的波澜跌宕、大起大落，多以那生养她的小岛为背景，写着各色人物的生活，如沙砾般细碎芜杂，却递了放大镜在我们眼前。

《山上的老人》虽是她的较早作品，但也是她当时追求的"真实主义"的佳作，对人们熟悉的社会现实作细微而又不加修饰的叙写，亲切、真实、细腻。人类的原始童稚时期，自私这一本性如何表现，又怎么被抑制？到了20世纪初，世界各地风云暗涌，波涛初现，也皆因人之本性欲念的种种冲撞博弈。这时的黛莱达也正是风华正茂，思想愈加深刻丰富，写出了《灰烬》、《风中芦苇》、《常青藤》等。她仍在以想象构筑着自己眼中的撒丁岛，就像根植于岛上的芦苇，却在四方而来的风中摇曳出引人无尽深思的姿态。

正如她借《风中芦苇》中的主人公之口所感叹的："我们都是风中的芦苇，我的女主人！我们只是芦苇，命运是风！"人被投入世间，即如芦苇如飘萍，随风而高昂，或伏折，不由自主。

而黛莱达的命运也颇令人玩味：

1871年9月27日，撒丁岛上的努奥罗小城，一个尚称富裕的家庭中诞生了一名娇弱的女婴，在这与世隔绝的地方她度过了童年和青少年时代。她熟悉奥托贝内山，因为只要向窗口遥望，便可时时沉默相对，一如安稳持重的老友；树林浓密葱郁，热闹喧扰四季变换，是亲切活泼的女伴；灰色山峰高低不同，远眺是绵延的石灰石山岭，光线变化，使它们看上去时深紫，时昏黄，时青蓝，是颜色多变的小友；天边是吉那吉图山之巅覆满积雪，是苍颜和蔼的领人老者。

她的心智如此聪慧敏感，但是由于当地传统轻视妇女，注定了女孩不能多受教育。黛莱达虽然家底殷实，却逃不过只上了四年的小学便被迫辍学在家的厄运。但这一点点的阻挠，怎会从此蒙住这位未来撒丁岛缪斯的眼与心呢？相反，没有了成规定律的牵束，她的自我构建畅通无阻，广泛深入的阅读、写作让她虽然身居方寸，却心怀广阔，又未受真正身陷其中可能遭遇的惊惧恐吓。地方传统文化的熏陶，让她葆有淳朴天然的观感和坦率的生活原则。

　　她总是喜欢借岛上人之口道出惊人之语，很难分辨这些话语是岛赋予她的，还是她有些小小狡狯的"借尸还魂"之举。也借着对古老撒丁岛的描写，以不同寻常的道德意识、风土人情，拷问着我们以往既定的社会观念。

　　她在这方寸之地居住生活了二十余年，生命中黄金时期都消磨于此。直到1899年，她在卡利亚里遇上一位财政部小职员——帕尔米罗·莫德桑尼，并且很快相爱、结婚。婚后，她随莫德桑尼一起调到罗马，一直在那儿愉快地生活。

　　虽然她离开了撒丁岛，但她的心却一直在家乡——只有撒丁岛才能唤起她创作的灵感，家乡生活仍是她创作的主要来源。后期，她的作品思想更加深刻，心理描写更加细腻，创作上日臻成熟。1920年发表的《母亲》是这一时期的杰作，理想主义在人物描写上更为突出，通过大量的回忆、想象、梦境、幻觉、心灵对话以及内心独白等手法，从不同角度、层次、侧面描写人物内心的深层活动，悲剧性强烈而震撼。

　　为什么同样的环境，甚至同样的家庭中诞生的孩子，会显现出巨大的差异？一如神迹，神选中了谁，谁就将代而言之，会被赐予非凡的眼界和深思。撒丁岛上降生的孩童们如今化灰何处？就是岛屿也以沧海桑田变容颜了吧！而黛莱达被选中为歌吟者，她为故乡的风物、历史、文明披上了童话色彩的轻纱，使永恒的真幻之美因她停驻于字句文章。这正是缪斯的功绩。

　　一切正如意大利著名文史学家萨佩尼奥所言："黛莱达不是在叙述，而是在歌吟她叙述的事件。"

第一章　撒丁岛的姑娘

1. 富裕之家

从空中俯瞰撒丁岛，可以看到它被地中海蔚蓝的海水环抱着。这个意大利第二大岛屿，像一块从亚平宁半岛长靴上跌落的美丽宝石，长久地闪烁着迷人的光芒，穿越永恒的时空，闪烁至今。

海水养育深情，山岛升华爱意。这里注定是诞生美丽的地方。

1871年9月27日，一个女婴在这里的努奥罗小城顺利诞生，并被取名为格拉齐娅·黛莱达（家人亲昵地称他为"黛拉"）。

在撒丁岛，女人的地位是非常卑微的——这里的人认为，女性是没有智慧，没有力量的，只能作为男性的附属品而存在。所以，当黛莱达的父母亲朋见到降生的是一个女婴时，多少有些失落。所幸的是，她的家庭成员中已经有了头生的哥哥，而且聪明健壮，所以大家并不嫌恶于她。当然，父母对她也就只是尽到养护的责任，并不对她抱有太大的希望。

黛莱达的童年是自由自在、天真快活的，这是她对撒丁岛的探索和熟悉的最初阶段，也是对她精神视域的成长影响最大最深入的时期。而她的天赋也在生命的初期就有所展现。

黛莱达的父亲——吉奥瓦尼·安托尼奥·黛莱达在岛上拥有不少土地，虽然不必自己亲自劳作，但是仍然要花许多时间去巡游监督农户，有时会深入内陆去拜访牧民，时常在外留居。总体来说，他让这个家庭不必为生存担忧，由于经营得法，资产一直在增长。而且，他年轻时也受过相当程度的教育，热爱文学艺术，时常也写作诗歌，并参加岛上的文学活动。

吉奥瓦尼的哥哥是一位相当博学的神父，家里藏书非常丰富。正是这些书籍，后来成为了黛莱达文学之路的转折点。

黛莱达的哥哥安德烈是一位善良正直的小伙子，他尊重并且爱护女性，对自己的母亲及姐妹，他都表现得极为友好。这位开明率真的哥哥，对黛莱达的童年以及少女时代有很大的影响。

黛莱达的母亲弗朗西斯卡·坎博苏虽然因受传统约束的缘故而没有机会受到更高的教育，但因为家境殷实，她不会为家务和谋生的琐事所累。她天性细腻敏感，热爱美好的事物，温柔热情。

年幼的黛莱达在母亲的怀抱中，个性也因此染上了母亲温婉柔和的情愫。她明亮的黑色眸子总是闪着智慧的光芒，她用平静的目光去观察撒丁岛的一切。

黛莱达家经常成为附近女人喜欢的聚会地点，她们也会带着自己的孩子。相比之下，黛莱达从小就比其他孩子更为安静，她被母亲抱着、搂着，参与在人们的闲聊中，很少哭闹。

日子久了，她被不同的手传递过，被不同的胸脯温暖过，熟悉了许多身体的气味和触感，在婴幼儿时期长久的睡眠中，总是飘荡着这些女人细碎的话语。当然，还有各种笑声，尖细的，明朗的，勉强的，心照不宣的……有时也有哭泣，她会感觉到环抱自己的手臂在抽动，眼泪不小心溅湿她柔嫩的脸蛋，没有人注意，没有人来擦拭，因为所有的女人都会加入这命运的低叹和哀诉。

黛莱达被这样的共鸣所吸引，她喜欢倾听糅杂的声响，尽管还不能理解其中的意味。为了让这一切进行顺利，她会下意识地减低自己的存在感，生怕打扰了那让她入迷的回环。她沉静在自己的世界里，习惯于一个人的安静，一个人行走，一个人思考，一个人快乐，一个人忧伤，一个人憧憬。

而人们感到担心，这个孩子太静了，有时甚至让人觉得她的呼吸都停止了。是不是天生有什么疾病呢？

她似乎被淹没在妇道人家的闲谈中，但只要定心一看，无论是谁都无法忽视她眼神中智慧的光芒，以及偶尔神色中流露出的睿智。

更多的时候，年幼的黛莱达还是沉默着。

2. 感性的小姑娘

一天，黛莱达的教母从牧场匆匆赶来，进门就从弗朗西斯卡手中接过小黛莱达，紧紧地搂在胸前。她一下陷入有熟悉气味的怀抱，安心地渐渐沉入睡梦之中。不过，她很快就被妈妈的低泣惊醒。为什么妈妈要哭？

"我可怜的黛拉，你瞧她那亮晶晶的眼珠，还有这脸蛋，笑起来让人像看见开放的花一样快活，怎么会有病，上帝！惩罚我们的罪，不应该降临在她的身上……上帝……"

"这孩子不对劲，不是吗？好像什么都感觉不到，不哭不闹，身子又弱，总是像要断气了一样，邻镇的呆儿子，还记得吗？小的那会儿就是这样！哎！"

"我的上帝……"

"吉奥瓦尼让我带话来，说是该找个医生看看了，如果不行……"

原来教母是带着父亲的最后通牒来的！

其实，快周岁的黛莱达在精心照料下，身体十分健康。可过于明敏沉静的天性居然会引起严重的误解，她在一瞬间也能体会没有跟外界建立沟通的痛苦和疑惑，有股力量在催动她："告诉人们，让他们认识你，黛莱达，你不可能永远只是吸收和感受。"

此前她习惯于沉默，不觉得有必要说话，沉浸在自己的世界里。但是现在，她明白了表达自身存在的意义——不去跟爱自己的人、自己爱的人进行互动的人，会带来很大的困扰！

心底深处的悲哀刺激她发出前所未有的痛哭，人们吓坏了，不知所措。

只有弗朗西斯卡感觉到：这是女儿在宣告自己的存在。凄厉的号哭，她听在耳里，却是幸福的安慰，这就是母女血缘之间神秘的纽带关系。

我们会发现很多有自闭症或者交流障碍的孩子，其实非常有天赋。天赋是把双刃剑，超越常人的思维能力让他们过早构建起自己的世界，永远沉浸在其中。从黛莱达的早期经历来看，她明显有着走向封闭精神领域的倾向。可是，在适当的时候，她选择了另一条道路，投入现实生活。

黛莱达对语言的掌握能力惊人，而且表现出极大的与人交谈的兴趣，但她并不喋喋不休，不像有的孩子总是急于表达自己，像只停不下来的鹦鹉。她很懂得如何逐步有序地叙述观点，而且善于倾听和推进对话。这正是她进入人们内心世界的途径。

母亲是她的第一个老师，黛莱达热爱自然，喜欢搜集各种植物的叶子、花朵、果子，大大小小的石子，她把这些东西带回让妈妈辨认。

"妈妈，你瞧，这是什么？"

"噢！真漂亮，树莓，你在哪里找到的？"

"罗莎家园子里采的。"

"你知道树莓还有什么名字吗？"

"不知道。"

"刺葫芦、悬钩子、馒头菠、牛奶泡，它的根、叶还可以做药，能解毒。那你想知道它都是什么时间开花，成熟的吗？"

"嗯，您仔细点告诉我！"

…………

后来，她的作品中多见对各色景观的生动描写。如果不是对这些动植物的特性相当了解，她是写不出来的。

黛莱达觉得其他生物的生命不比人类低贱，所以她拒绝养宠物，而且从小就常劝说小伙伴们。但没有多少孩子听她的话，她仍然要面对、接受其他生命因为人类而遭受折磨、走向死亡的现实。

她的文学创作对动物命运的悲剧多有关注。比如：《小野猪》中通过小野猪的悲惨遭遇串联起穷人家庭命运的变化，还有《孤寂人的秘密》中也添加一猫、一狗来营造更丰富多元的故事内涵。父亲在黛莱达的童年记忆里不占太多位置，由于公务繁忙，他没有太多时间陪伴孩子。

吉奥瓦尼对长子的要求很严格。安德烈未满6周岁时，吉奥瓦尼就已经请了城里有名的老师教他识字读书。并且，他经常检查长子学习的进度（如果贪玩落下功课，安德烈就会受到严厉的惩罚）。他有时让儿子为自己念信件，有时会在回信上附上儿子的问候和签名，以培养他对家族交往和社交网络的感知，还会挑选书籍，嘱咐他认真研读。从中明显可以看出，他在为这个家庭培养接班人。

吉奥瓦尼也很疼爱黛莱达，但是没有像教导儿子一样培养她。对于女儿黛莱达的天赋，他还没有十分清楚，可是他也很疼爱她，因为黛莱达长得十分可爱，眉宇神色都兼得他和妻子的动人之处。他觉得表达对女儿爱的最佳方式是：为她挑选一个如意郎君。黛莱达也爱她的爸爸，即使他端坐在书桌后面时看起来有些吓人，而且不喜欢任何人在他看书时打扰他。

虽然行动不受约束，但年幼的黛莱达能踏足的范围，在相当长的时期中还是很有局限性的。她觉得，撒丁岛就是整个世界，对地球、宇宙还没有明确的概念。

对于孩童而言，方寸之地的乐趣已经无穷，更何况是天性爱自然的黛莱达。这个地方对黛莱达而言，不仅是一方徜徉的静地，让她的心灵得到滋养，还带来了她对世界认知发生转变的重要契机。那是一条断断续续的废弃小路，不仔细辨认就会以为只是杂草丛生的荒坡，没有什么能吸引人前去探索。

黛莱达却因为好奇，一路寻找着翻过小坡。经过一段了无生趣的跋涉之后，顿时豁然开朗，原来是一处突出的海边悬崖，俯看是错落的大石纠缠在一起，像一只怪兽的巨爪，握不住扑来的浪涛。一座小木屋被遗落在这里，门窗破烂，墙缝、屋顶长出稀稀落落的芦苇，探身进去，只有一张快要腐朽的木桌子，屋角扑啦啦地飞出一只鸟儿，熟门熟路地径直从窗口腾出，渐渐缩小成海天间的黑点。

天近傍晚，潮水退去，海鸟落在崖下石头上歇脚，红金色的夕阳涂满海平线，撒到悬崖和木屋上，鸟群振翅起飞融合了。黛莱达痴痴地望着，她想不出怎么用话语来表达自己的感受。

这就是黛莱达童年的撒丁岛，也是黛莱达作品中永远的撒丁岛。

3. 努奥罗城的闺阁

黛莱达在这里享受完全属于自己的时间，她像生命初期那样，努力体验着自然的喘息。有时她觉得自己是个容器，却没有出口，她不知道怎么说出口，虽然她很懂得与人交往，可是这不一样，她明白自己还没有掌握自然的语言，却不知道该向谁请教。可是她确实是上苍的宠儿，没有被遗忘。

黛莱达临近家门才想起自己把海螺忘在了木屋里，那是海边打渔的老人送的会唱歌的海螺，是她的心爱之物，于是第二天一早，她就踏着晨露出发了，海风凉意仍重，她一路小跑，像要投入这捕鱼大网般兜住磷光闪闪的海面的朝霞。这一回，情形有些奇怪，小屋旁多了顶白色的帐篷。由于同教母去过牧场，所以黛莱达认识这东西。可是，谁会来这里放羊呢？正犹豫着要不要走近时，木屋后面却先闪出一个高大的身影。

"这是你的？小家伙。"一只大手把海螺递到她面前。

"没错，谢谢你，让它独自在这过夜，我很担心，可是……你是谁？"黛莱达突然意识到自己的小天地被人侵占了，心里暗暗气恼。

"从那边来的，你知道吗？海的那边。"这男人指了指海面。

对于黛莱达而言，异地来的人，意味着许多的故事，她喜欢在街口等从岛上其他城邦来的商贩，听他们说途中的见闻，说森林、荒野里的精灵、仙女、幽灵，恶鬼，加尔泰的城堡废墟里有巴洛尼的幽灵，阿玛塔托斯会让月光下的树枝、石头焕发奇异的光芒，月亮后面跟着的银色云彩其实是空中飘浮的白幽灵，小矮子和小仙女白天躲在悬崖峭壁的石头房子里纺着金线，深夜里会有巨人骑着高大的马匹从山中出来，查看沼泽周围的沙地里是不是有史前的卡纳内阿大蛇出现，如果有，就要除去它们，以免它们对人类造成灾难，还有各地悲苦的情人的遭遇。

虽然许多事她还不大明白，但她喜欢听人们述说。不同的人，即使故事的内容相近，也会有各自的风格展现出来。所以，即使听到重复的故事，她仍然津津有味。而她的伙伴们只对妖神鬼怪有着很大的兴趣，常常缠着她讲，她是相信这些奇异存在的，只是它们和人类的生活互相尊重，所以自己还没机会见到。这些由众人的想象汇聚出的奇想，后来在黛莱达写作中时常被请出，比如《风中芦苇》中就有许多现实和幻想交织，构成了一个超越现实的空间。

她一下对这个来自大海那端的来人充满好奇和敬畏："你们的岛太小了吗？才会到这里来，我知道有些和你一样的人，他们来这儿赚钱，然后再离开这。"

"哈哈哈哈……不不，那一边，就是十个八个撒丁岛合在一起，也只是其中一小块。"异邦人被黛莱达的发问逗笑了。

"能跟我说说那边吗？"黛莱达有些小心翼翼，生怕被拒绝。

"我从西西里岛来，是个画家。你呢？"

"我叫格拉齐娅·黛莱达。西西里岛是什么？"

"是意大利的第一岛屿，第二是撒丁岛。"

……

他们自然而然地开始坐在海边交谈，黛莱达从画家那儿知道了国家分属的概念，知道了大洲、大洋、地球、太阳系，当然还有宇宙。她被震撼了，她原来对世界的认识被重构、被扩展，但不是被她自己的想象填补的。这段忘年的友谊在一个多雾的清晨开始了，黛莱达也把撒丁岛的传说讲给画家听，她还喜欢看他作画，他们还交换歌曲，不同地域的音乐在小小的篝火上回荡。随着相处时间的增长，他越来越意识到这个孩子的未来不会再局限于撒丁岛，她天生是属于更广阔天地的人。

这天，黛莱达照旧来到崖边，却比往日沉默了许多，他一边坐到她身边一边抚着她的头问道："今天你心里下雨了，是吗？"

"你读书吗？为什么爸爸爱那些砖头胜过爱我们？"原来，她因为在爸爸阅读的时候闯进了书房，被训斥了，连妈妈也提醒她下次当心。

"我们应该会读书，而且要尽可能多地读，就像你的父亲那样。"

"书里有什么？"

"噢！书里有更多、更广阔的世界，一本书有可能就是一个撒丁岛，一个意大利，甚至更多，有的书是聪明人的头脑，也有可能是傻子的疯话，那要读过才知道。书里有你渴望的一切。"

"可从来没有人告诉过我，也没有人教我。"

画家心里清楚撒丁岛的习俗对女性的忽略和歧视，可是怎么能跟黛莱达说呢？

最后，他说："以后我教你读书！"

4. 纸上的世界

这位画家后来赠送给黛莱达一册诗集，挑选了一首念给黛莱达听，然后告诉她："这是诗歌，是最美妙的一种文章，所以诗集可以说是世界上最珍贵的一类书，当然不是指它的价钱。"

不用他说，黛莱达也感觉得到，她觉得自己终于找到了自己一直在等待的东西，她需要的表达方式——精炼优美的词句在她脑中吐露芳香。于是，她央求道："再念一首吧！"

画家把他认为合适的诗一一念给黛莱达听。

她几乎要哭了，抓着画家的手问："如果我也能写出这么美的东西，该有多好！"

"要先学会最基本的字母和语法规则。一切都是从最简单的开始的。"

"请您教我！现在就教。"

黛莱达很快就学会并熟练了她需要掌握的基本创作工具——字母、单词、句法。她有时候甚至会提出质疑，而当他们细细琢磨后会发现，黛莱达常常是对的。当然，她是幸运的，能有一位熟悉她、了解她的老师，同时也是她的朋友。

可是，不久之后，画家在还没来得及告知黛莱达的情况下就匆匆离开了，留下他带来的所有书和一封信在木屋的桌上，那封信上写着："爱即是牵绊，爱即是奴役！"还有一幅小画，画中的男人明显是画家自己，他的心像一只鸟儿飞向画中女人胸口的笼子。"黛拉，抱歉没有与你告别就匆忙离开，如果你埋怨我，也没有关系！你终有一天也会明白这滋味的。你永远的朋友。"

爱情！黛莱达想起听过的那些故事，想起参加过的婚礼上有的女人在欢笑，有的却在哭泣。想起亲人之间不能相爱的警告和伙伴偷偷对她说起的"爱上了自己的哥哥"的密语，这也是爱情吗？爱情到底意味着什么？连在她看来无所不能的画家朋友也不能幸免的诱惑的真相到底是什么？她的问题越来越多，觉得自己傻极了，掺杂着朋友离去的伤感和失落，她的眼泪涌了出来。

她并没有把自己和画家的友谊告诉任何人，连妈妈也一样，她也不知道为什么自己要隐藏这件事。也许黛莱达已经感受到在这片土地上女人们的压抑和不幸。她照常玩耍，将书藏在只有她知道的树洞里。而这时的她已经快6岁了，却没有人向她提出要让她去上学。

她对妈妈说："妈妈，我想去上学。"

"这样不好吗？上学很辛苦。"

"没关系，相信我吧！妈妈，求你了。"

"这得去问爸爸。"

黛莱达急忙拉着妈妈往书房走去，怯怯地敲了敲门。

"爸爸。"

"进来吧！什么事？"

"我请求您，让我到学校去，去上学！"

"我们家的女孩子可不怎么兴读书，再说，你不喜欢现在这样吗？"

"我想知道很多东西，只有学会识字，看书才行。"

"可是……"

"爸爸，亲爱的爸爸，就算我求您。"

"好，好，过几天就去。"

可是学校的教育，特别是针对女孩的，并不像黛莱达想象中的那样，除了最初的基本知识，她们受的规训都源自圣经典籍，而且管教严苛。

但是，黛莱达并不介意，她如饥似渴地借一切机会汲取知识，她甚至顾不上掩饰自己的天分，起初她深信宗教的教谕，被作为老师的修女的操守和圣洁打动，甚至也向往成为一名修行人，这与她内心对自然天性的追求形成了很大的矛盾，这也是她毕生的文学创作的重要主题之一，即是人类本能的情感与宗教禁忌的博弈。

她后来的作品《母亲》就是典型代表。文中讲诉了一个"神父与女人之间发生了被上帝所禁止的恋爱关系，在宗教禁忌与爱情之间，神父的内心充满了矛盾与挣扎"的故事。黛莱达从一个独特的角度切入，写出在这场原欲与理性的搏斗中，一个神父的母亲由于为儿子担忧、恐惧到精神高度紧张、焦虑终至被吓死的悲剧结局。这是一个融入了宗教与感情的故事。

对于人类在面对上帝理性与原欲人性的矛盾时所遭受的精神折

磨、内心挣扎，黛莱达或许是有感于自己祖国和故土的这种宗教文化传统对于人的精神世界的伤害，洞悉了人们内心的痛苦，对其进行了深入的挖掘。

吉奥瓦尼十分惊讶于女儿的优秀和聪慧，但是也暗暗苦恼。他知道，再天才的女性，在这儿的学习生活也只能持续到10岁左右。这是长久的成规，没人去质疑，也没人去试图破坏它。岛上的大多数女孩也很适应这样的规则：她们早早地加入劳动，操持家务，婚嫁生子。

这是这片土地的需要，人们需要付出更多的劳动和精力才能换得糊口的钱粮。即使是不为生存操劳的人家，为了维持某种奇异的平衡，也一直遵从着。

因此，黛莱达念了4年的小学后，被迫离开了学堂。

第二章　浴火重生

1. 阴郁的失学时光

光线透过厚厚的帘幄丝丝缕缕地渗了进来，打在独自深思的黛莱达的脸上，犹如烙上了一个个斑驳的印子。"辍学"两字竟已填满了她平时引以为傲的机灵、敏捷的大脑，稍微的触碰都能刺痛她此时脆弱的脑神经。麻木，对她而言似乎也只是一个愉快的词汇。

她本应该是感到满足、感到幸福的。努奥罗城的大多数女孩一如她的母亲那样从未进过学堂，从未聆听过老师的教学，从未阅读过丰富有趣的书本，更是从未感受过学习的乐趣。而她却拥有了4年在学堂的美好记忆，拥有了接触知识的机会，更拥有了一般女孩难以获得的文学乐趣。这已是上天对她的恩赐，是她本不该奢求的美好，她难道还不满足吗？她还能再请求、再要求什么呢？

母亲是不识字的，她一天到晚忙于照料他们和家务，没有什么大碍。小岛流传下来的亘古不变的传统也是女人不应过问家务以外的任何事情。是的，从上学的那天起她便已知道4年后今天的结局，她本以为自己已做好了思想准备，但是当她真的就这样永远离开学校时，不甘、失落、悲哀……这一切似发狂的大海，咆哮着、翻涌着，似要将她吞没。

她忆起了父亲在夜室里谈起他的大学经历时的神采，不是对诗歌的痴迷，不是对常人的温和，那种光辉是黛莱达至今无法忘却的，充满了对大学的狂热和激情。

那是在卡利亚里的一所大学——那时候人们还是骑着马从一个城市到另一个城市，他把书和其他用品全部装在旅行包里，像一个牧人或者一个要到很远的地方去播种的农夫。而她，却永远丧失了这个机会。即使是彻夜未眠，内心反复说服自己要满足，黛莱达还是无法接受这个残酷的事实。

她安静地躺在床上，听着门外母亲踩着规律的步伐走下楼梯，听着兄长推开门开始洗漱。她不愿起床，不愿打开房间的门，怯懦充斥着所有的感官，她想像蜗牛一样把自己塞在厚重的壳里。她害怕，害怕父母会看出自己的失落，害怕兄长担忧同情的目光，更害怕看着兄长踏上那条她走了4年从今以后不可能再涉足通往学校的路。直到母亲用她那温婉的语气唤她吃饭，她才像活过来一般，默默地开始新一天的生活。

她静静地坐在窗前，恍惚间，又想起了教室里写满字的黑板——那是一扇可以在星光灿烂的夜晚窥探蓝色苍穹的窗户。通过黑板，她也能看到缤纷的色彩——那发自心灵深处的异彩，黑板好似一叶扁舟，载着她通畅地在浩瀚的知识海洋里遨游。而如今，窗外的美景不变，但那美丽的黑板却再无踪影。

她知道自己的萎靡不振，亦知道自己不能长此以往地低沉下去，要打起精神去面对以后漫长的人生，去走她应该走的路。

在19世纪，人们很少到这个地方来，时间在这里仿佛停止了，意大利本土的革命、政变、改革和流血事件几乎没有在这里留下任何痕迹。大街上，偶尔只能见到一些男人骑马穿过街区，后边驮着女人；只有传统的宗教节日和假日街道上欢快的歌舞、女人们大胆的笑声，才能打破往日的沉寂，给他们一些调节。而门上那把大得像城堡门上的锁，锁住了门，更锁住了她的心，沉甸甸地压得她喘不过气来。

"不，我不要就这样过完一生，那是不被允许的，上帝教导我们要展示自己的才华。"黛莱达在海边，凝视着那些顽石，似乎读懂了它们的固执，这固执大约就是命运里面的一种力气吧！它追逐着岛上的每一个人，但无人知晓它的追随。她如父亲对文学的痴迷：即便是非常忙碌的日子，父亲也无法忘情于文学；又如母亲对于家庭的执著，操劳如斯却始终甘之如饴。

"上帝关上了一扇门，就必然会为你打开一扇窗。"

辍学并不是意味黛莱达从此将与文学擦肩而过。事实上，她的文学之路才刚刚启程。

2. 拨开前进的迷雾

"当、当、当……"教堂的钟声遥遥地传来，渗进了黛莱达的心际。对了！她突然忆起，父亲曾提及伯父是一个嗜书如命的神父，他的藏书可是全镇中最多的。于是，她小跑到教堂门口。

黛莱达微喘着气，抬眼望向这座从小就熟悉的教堂，在暮光的照射下，它于威严中散发出暖人的光辉。她轻轻地推开教堂的大门，迈了进去。

伯父对于黛莱达的突然造访显然感到是吃惊的，温润的眸子带着些微诧异。不等伯父开口询问，黛莱达就急切地将她的来意说了一遍。她抬起头望着伯父，眼神是那样的坚定并伴着浓浓的期盼，希望能将自己的心意传达给伯父。

作为一名神父，伯父懂得黛莱达的希冀。他慷慨地将自己在教堂的房间提供给黛莱达，让她用心读书，并叮嘱道，若有问题，随时可以去请教他。此后，黛莱达便时不时地跑来教堂，泡在书中，忘记了时间的流逝，往往一待便是一整天。

她饥渴地吸收着书上的知识，犹如老牛般不断地咀嚼回味，在文学世界中尽情遨游，与文学大师倾心交流。在那儿，她认识了海涅、大仲马、拜伦、尤金·苏、雨果、乔治·桑、巴尔扎克、曼佐尼、维尔加、果戈理、托尔斯泰、陀斯妥耶夫斯基等作家，并深受他们作品的影响。

黛莱达不止一次地幻想过如果教堂是她的家，那该有多好——那样她就可以日日流连其中。但是，教堂不是家，也不是时时刻刻都可以去的地方。求知的欲望让黛莱达不愿放过每分每秒可以学习的机会。那么，余下的时间又干什么呢？聪明的黛莱达一转脑筋，便把主意打到了父亲的书房上。

在那里，她曾看到过一些意大利文学著作和翻译小说，如今她伫立在门口，远远地望着，那一本本书仿佛有魔力般不停地向她招手，唤着她过去，让她急切地想把它们捧在手中好好地品味一番。

对书的渴求像蚂蚁一般啃咬着她的内心，于是她轻手轻脚地走进了书房，挑了本书，窝在父亲常坐的那张椅子上读了起来。时间一点一滴地流逝，夕阳慢慢地挥手告别天空，夜色缓缓攀上窗台，一点一点地向屋内蔓延，最终触上了那展开的书页，黛莱达揉揉酸涩的眼睛，恍然发现一个下午竟这样过去了。她将书放回原位，轻快地哼着歌朝自己的房间走去。

小时候，黛莱达总喜欢在院子里竖着耳朵听父亲朗诵诗歌，他的声音听起来像是一首音乐，吟咏出许多难以用语言形容的东西。父亲是极喜欢诗歌的，他的诗作淳朴简洁，带着浓郁的乡土气息，总能令黛莱达陶醉其中。她也经常会看到陷入诗情中的父亲把优美的风景变成文字。

每当这时，黛莱达总会想象着终有一天自己也能将所见、所闻、所感、所想变成文字。日复一日，黛莱达穿梭于教堂与父亲的书房。就这样，黛莱达在读书的欢乐和被发现的担忧中，慢慢地增长了知识，开阔了视野，拓展了思维。

妹妹这段时间的举止异常引起了哥哥的注意。在他的印象里，妹妹以前只会在周末时和家里人一起去做弥撒，而今妹妹基本一周都要去教堂好几次，每次眼神都会熠熠发光，脸上带着愉悦和满足的笑（父母并不甚拘束她的自由，思想也比较开放，未加阻止）。但是，对妹妹的关心，促使安德烈想要找出黛莱达这段时间异常的原因。

于是，他尾随着黛莱达的欢快步伐走进了教堂。在教堂的一个小角落，黛莱达正沉浸在一本殉道者的故事中。突然，一双手伸了进来，按在了书上，黛莱达吓得一下子跳了起来，才发现手的主人是哥哥。

"光线那么暗，还在这儿看书，小心眼睛啊！"哥哥调笑道。

黛莱达局促不安，紧紧地抓着手中的书，不知该从何解释。安德烈察觉到了妹妹的紧张，稍稍疑惑之后，了然地拍拍她的肩膀说道："不要紧张，我不会跟家里讲的，学习是好事，书读多了才能做个有智慧的人，以后你遇到什么困难尽管找我，我一定会帮你解决，自己一个人这样藏着掖着会很辛苦。"

这件事过后，她鼓起勇气，向父亲表达了自己对文学的热情及渴望，解释了自己这段时间以来的行为，并诚挚地请求父亲允许她继续自己的文学之路。出乎黛莱达的意料，对文学同样痴迷的父亲对她有如此的想法很是高兴，积极地鼓励黛莱达坚持下去。

幸运的黛莱达，拥有一个思想比普通撒丁岛人开放的父亲，一个对文学充满热忱的父亲，一个希望女儿能更好发展的父亲。她走上文学创作之路并非偶然，而是偶然中的必然。当母亲从儿子口中得知了女儿的行为及梦想时，文盲的母亲虽对黛莱达的写作愿望大惑不解，但却被她"写字的手艺"强烈地吸引住了，抛开了封建的传统与思想，毫无保留地支持女儿的选择。

3. 我想看到世界

别林斯基曾说过："在所有的批评家中，最伟大、最正确、最天才的是时间。"黛莱达坚定地追逐着自己的梦想，用火一般的激情去践行自己的梦想。在这里，时间，成为了她的奴隶，命运的帆船，是她在掌舵。

黛莱达钻进浩如烟海的书丛，欢快得如鱼儿回归大海，遨游的乐趣使她忘记了时间的流逝。

一分耕耘一分收获，经过几年勤勉的学习，黛莱达的小脑袋中已经塞了几百本甚至上千本名人巨著。尤金·苏、雨果、乔治·桑、巴尔扎克、曼尼……她可以娓娓道来每个作家的简介、著述、思想。每每此时，她那又大又亮丽的杏眼中都闪烁着光芒。

渐渐地，她不再满足于只是拜读大师的著述，她开始困惑，陷入诗情的父亲是如何把优美的风景变成文字？文学大师又是如何将他们的情感思想转为文字传达给他人？

她心里有一粒火种，不知何时火种被点燃了，愈燃愈旺，烧灼着她的内心——她产生了一种冲动，一种不可遏制的写作的内心冲动。终于，她提起了笔，尝试着将她看到的、听到的、想到的转为文字流淌纸间，变为诗歌与小说。她仿佛看见无垠的天空，漫天的繁星，璀璨地闪耀着，一股春天般的暖流在她体内涌动，搅得她热血沸腾。她沉浸于自己的世界，着迷于写作的乐趣，将自己的情感倾泻笔尖，如一个辛勤的农夫在自己的天地里耕耘。

俗话说："万事开头难。"初次笔耕的她，笔法生涩，文风也不成熟。当她终于完成一篇文章再进行阅读时，却发现自己的这篇文章与以往看到的著作差别巨大。这犹如一盆冷水当头浇下，使她心头的火熄了大半——这样一篇她在心潮澎湃时完成的作品，阅读时却平平淡淡如白水，一股热情落于纸上便化为乌有，那一个个字符竟如此陌生，仿佛在嘲笑她的无能。

她不禁陷入了沉思：为什么她能从名著中读出作家的思想、读出他们的情感，自己却无法用文字将自己的情感传达出来？她不敢与人分享她的文章，只是小心地将它们好好地放在抽屉里。

直到有一天，安德烈无意中发现了一篇未完成的短篇小说，漂亮的字体告诉他这是他妹妹写的，他浏览了一下小说，惊奇地发现小说的文笔有一定的基础。当安德烈拉开抽屉时，满满一抽屉的文章更是震惊了他，他认真地阅读每一篇文章，面对这大多数以口头语言组成但又不失丰富的文学底蕴的小说与诗歌，一个想法在他的脑海中形成了，他不禁为自己的想法感到兴奋，更是迫不及待地想要和黛莱达分享。

他兴冲冲地找到黛莱达，急切地说道："我刚看了你写的东西，对不起，我不是故意要翻你的东西的，只是你写得很好，美中不足的就是口头语言太多了，需要专门训练一下。正巧，我认识一个大学预科的教授，我安排一下，你就去他那里听课，学一下正规的写作语言，怎么样？"欣喜充斥了黛莱达的所有感官，她激动地抱着哥哥连声说好，泪水溢出眼眶，心中的感激和幸福无以言表。

在此之前，黛莱达曾跟人自学了一些法语和意大利语；而在家里，家人一般都用撒丁岛的方言进行交流，因而教授的拉丁文课使她受益匪浅。在课堂上，写满字的黑板在她的眼中是一扇可以在星光灿烂的夜晚窥探蓝色苍穹的窗户，她十分珍惜辍学后重回课堂的这一段时间，孜孜不倦地吸收着教授的知识。

在接受教学的同时，安德烈为了使她的小说的内容更加丰富、生动，特意为她安排了实践课，领着她到附近去漫游，参观周围富有特色的村庄，参加农村的节日，观赏放牧在山林深处的偏僻牧场上的羊群。经过多次的出游，黛莱达学到了许多课堂上所不能学到的东西：她学会了区别长着细齿状树叶的橡树和长着柳叶的冬青树，分辨香气袭人的紫杉篱花和旋花。

美好又短暂的漫游经历促使黛莱达开始尝试自己去乡村、海滩边游览，与那里的村民、渔夫交谈，分享各自的所见所闻。长此以往，她慢慢地与村民和渔夫产生了一种感情上的共鸣。她热爱自己的家乡，热爱这片土地上生活的人们，热爱民歌和赞美诗，甚至母亲哄小孩的催眠曲也能让她迷醉。她希望通过自己手中的笔，将她对撒丁岛满满的热爱铺展开来。

4.年少的际遇

春去秋来，丰收的季节在人们的苦苦期待中缓缓而来。

父亲又请了一位中学教员，给黛莱达讲授意大利语。这位教员常常出题目让她作文。聪慧过人的她写的一些作文是如此的出色，使老师鼓励她送去刊物发表。

那时候，黛莱达才13岁，压根儿不知道怎么去投稿。不过，她忽然想起，带插图的儿童刊物以及时装杂志的最后几页向来都刊载一篇故事。这使她产生了一个大胆的想法：她要把自己写的文章寄给报刊杂志的编辑，让自己的文章在这些刊物杂志上发表。

凑巧，她手头上一份杂志。于是，她按照上面的地址，寄去了一份速递。她还在稿件中特地发了一封附有简历的信，信中表达了她坚定不移、勇敢果决、终生从事文学创作的决心。这封言语不多却透着股倔强劲头的信深深打动了杂志的编辑，他们不仅刊出了她的作品，还以赞扬的口吻向读者介绍了这位年轻的女作家，并且请她继续向他们投稿。

但是，这个消息令整个努奥罗震惊了，因为这在她的家乡是非常前卫、叛逆的举动。于是在街头巷尾，只要黛莱达一出现，人们就对她指指点点。

每当这个时候，黛莱达总是低着头从人们跟前默默地走过。她不关心这些人的风言风语，因为她找到了自己的道路，一条不同于别人的道路，她要坚定地走下去。她打算用《蔷薇》作标题出一本书，并向出版人求助。出版社表现出了浓厚的兴趣并要求她把手稿寄过去。后来这本书非常畅销，受到读者的普遍欢迎。这总算让受尽村里人讥讽的她感到了些许的安慰。

从此，黛莱达和文学结下了不解之缘。

是故乡给了她灵感，也给了她想象的翅膀。在这片土地上，她辛勤地耕作着，终于找到了属于自己晶莹清澈的泉流。

黛莱达对撒丁岛的感情是多元的、深沉质朴的，毫不虚伪做作，全然源自她长期真正融入岛屿的灵魂中的生活成长经历。她的早期作品几乎都是以撒丁岛为背景进行创作的。当然，她笔下的撒丁岛已经被艺术化了，是作家惯用的一个载体，她通过看似局限的地方性叙述，想要达到的却是对人类普遍问题的关注和思索。

黛莱达更加勤奋起来，既习作写诗，又试着写小说。

1888年，黛莱达17岁，她的第一部短篇小说《在山上》发表在罗马的《儿童的天堂》周刊上（这篇小说与翌年在同一刊物上发表的《童年轶事》于1890年合集为《在蓝天》，在都灵出版。

此时，她越来越意识到自己与其他人（特别是同龄女性）之间的思想层面的差异在不断扩大。对这一变化，她曾感到十分痛苦。

后来，她在伟大的文学作品中找到了对照，对封闭的地域对当地人民集体意识的影响有了更清晰的认识和看法。

同是1888年，黛莱达又在罗马的《新潮》杂志上刊出短篇小说《撒丁人的血》。

这部乡土气息浓厚的小说，是撒丁岛文化的沉淀。在这部小说里，黛莱达将儿时的记忆都暴晒在笔下。它标志着黛莱达开始真正的文学创造生涯，以撒丁岛为承载主体的个人创造模式也初现端倪。她这时选择撒丁岛，主要是因为她没有更多的关于其他地域的探索经验，这只是一种受限制的选择。她在此之后也没有急于走出撒丁岛，而是坚持属于乡土的创作道路。

敏感善良的心灵以及对撒丁岛自然环境的熟悉固然是黛莱达创造的源泉，但是就像璞玉需要好手艺来雕琢，无论是一流的工匠的功绩，还是流水、风沙无意间的铸就，都值得我们去探寻。

那么，她的文学成就是如何一步一步达成的呢？

先让我们纵观一下19世纪意大利的历史进程：虽然撒丁岛偏居海上，但并不代表它不受时代浪潮的影响。黛莱达的创作正是契合当时意大利的文学主流思潮的，而文学与时代是无法分割的。

1848年，意大利兴起的革命沉重打击了外国统治者和传统封建势力。民族复兴运动接连不断，过程起伏跌宕，所以直到1860年，由萨沃伊王朝领导的意大利王国宣告成立，意大利的统一才得以基本完成。

但是，这之后的十几年里，政治局势动荡不安，行动派主张依靠人民武装解放罗马，彻底完成统一；温和派反对暴力行动，希望借外交和平解决罗马问题。而且，由于代表资产阶级的君主立宪政权反对广泛的社会改革，因此资本主义只在北方有所发展，而国内大部分地区仍然保留着落后的生产方式。所以，人们对民族复兴运动失去了信心，进而感到悲观失望。

面对不定的社会形势，文化人士的立场也是多样的：有的鄙夷穷苦劳动者，但同时又畏惧他们的力量；有的致力于建立属于大众的文化，反映底层的状况；有的则躲在虚幻的文学世界中，对现实熟视无睹。但总体趋势是：反映民族复兴运动力学的浪漫主义文学逐渐落幕。

到1870年，罗马终于解放，教皇被剥夺世俗权力，意大利独立和统一最终完成，意大利与毗邻国家的文化联系也日渐密切。渐渐地，新文化思潮开始在意大利广泛传播，由于当时本土经济、文化等方面不发达，所以对外来文化的接受程度相当高，影响巨大。文学作为思想传播的高地，自然也呈现出繁荣景象。书籍报刊发行量有明显增加，人民的整体文化水平也有所提高。

黛莱达的学习时期，正是意大利文学史上反映现实生活的思潮兴盛之时：在外国文学方面，以雨果的《悲惨世界》、欧仁·苏的《巴黎的秘密》等为代表的现实主义作品广受欢迎。国内的米兰文坛出现"豪放不羁派"，是当时文学的先锋派别。其宗旨是反对浪漫主义的写作风格，取代古典的道德传统，主张吸收欧洲其他国家文化艺术的有益经验，从而创建不拘泥于形式的现实主义文学，探求有怪诞、病态的因素和现实主义描写性的叙事体作品。

这部分的创作主题、格调低沉，着意表现社会的真实，哪怕是不道德的阴暗部分；还主张运用日常语言和方言于文本书写，给人以新颖、奇特却更贴近现实的感觉。虽然由于地域限制和思想深度不够，过于片面追求形式，内容意境软弱无力，很快被真实主义和现实主义所取代，但是其中对现实关照的理念、对文学语言的丰富等优势也被吸收。

真实主义成为当时意大利的文学主流，强调用语言平铺直叙、细节描写明晰、对话要源于生活、客观反映现实，其重要作家是乔万尼·维尔加、路易其·卡普安纳。他们的作品在当时的青年中流传很广。

黛莱达通过发表作品的契机，也结识了许多文学界的朋友，他们互相交换书籍，讨论阅读后的感想，当然这其中不乏真实主义大师的作品。

1890年，黛莱达已经拥有了自己的第一本文集《在蓝天》，收录此前的作品《在山上》和寄托了她对那些无拘无束、自由成长的美好时光眷念的《童年轶事》，在都灵出版，并且深得读者喜爱。

才华出众的她还接到不少稿约，为多家刊物供稿。作为大受追捧的少年作者，文学前途一片光明。

但是，年少的黛莱达并没有裹足不前，反而逐渐意识到自己还有很长的路要走，光依靠挖取从前的积累是不能长久的，而且经历欠缺、见识短缺的影响已经凸显。

"我就连撒丁岛都没有走遍啊！"她对自己说。近20年的时光都在撒丁岛度过，她却似乎从未厌倦；相反，她总能发现些什么。

连空中飞过的小虫都像童年的伙伴那么熟悉，更别提这里的人们了。难道除了像哥哥那样走出去，没有别的可以选择的了吗？她感到十分忧虑。

当有机会读到维尔加著名的短篇小说集《田野故事》、《乡村故事》时，她大受启发，因为维尔加在《田野故事》中着意描写西西里岛上农民的生活，用语言绘出一幅幅戏剧性的组图：人们受到古老偏见的束缚，外面资本的侵占和压榨让本地居民生路断绝、苦不堪言。西西里岛是意大利的第一大岛，撒丁岛和它有着地域的相似性，所以经受的遭遇也有共同之处。

第三章 初试锋芒

1. 《撒丁岛的精华》

1891年之后几年间是黛莱达的第一波创作高峰。

仅1891年，她就陆续发表了《秋天的故事》、《东方的星辰》、《爱的报复》——这些都是发表在报纸上的连载中长篇小说，反响相当不错。

1892年，她发表了《皇族的爱情》和《撒丁岛的精华》。

论花费的心力，《皇族的爱情》更甚过《撒丁岛的精华》，但是后者的影响却远胜前者。

这在黛莱达意料之外：她投入大量精力构思这部创作精妙、故事精彩的《皇族的爱情》，并期待其能更受人青睐；而《撒丁岛的精华》仅是她在整理撒丁岛故事时，选取一些素材作为背景创作出来的，由于她相当熟悉这些内容，因此创作过程十分顺利，没想到却成为她第一部影响遍及全国的作品。

《撒丁岛的精华》还促使她和真实主义理论家、作家卡普安纳建立了联系。这对黛莱达有着一些不同于以往的意义。这是亦步亦趋的追随，还是另辟蹊径的超越？我们无从得知，但是黛莱达在成熟，在转变。

路易其·卡普安纳1839年出生于西西里岛卡塔尼亚一个富裕家庭，受过良好的高等教育，年轻时就热爱文学，擅长诗歌、诗剧。法国福楼拜、左拉等自然主义作家对他影响很深。1880年，他和维尔加一起发表自然主义宣言，对法国自然主义传播及受其影响的意大利真实主义文学的建立有很大的推动作用。他主张真实主义文学要真实地、客观地反映时代的历史和社会的状况，作家必须从现实生活中采掘素材，把目光投入社会下层。

作为先驱者，他很看重和文学新人的联系。从黛莱达开始崭露头角开始，他就一直关注这位撒丁才女。对她早期浪漫主义的创作，卡普安纳并没有发表什么评论。不过，他也注意到了黛莱达在创作中对撒丁岛的重视。这点很契合当时真实主义把目光投向自己最熟悉的地域（比如故乡旧土）并以此为基调进行创作的主张。而且，从作品中可以看出，黛莱达对撒丁岛社会文化的思考已经萌芽。

当《撒丁岛的精华》出版后，卡普安纳立即通过各种渠道辗转找到黛莱达的通信地址，与她取得联系。

黛莱达从未想过卡普安纳这样的名作家会主动找到自己，从来信的字里行间，黛莱达觉得他是一位十分有学识、有思想但并不盛气凌人、高高在上的前辈，语气十分恳切，并且为她的进步感到高兴。

收到这样的来信，黛莱达有点受宠若惊，回信时字斟句酌，总觉得不够妥当，但又担心回信迟了，让卡普安纳觉得有所怠慢，于是只好怀着忐忑不安的心情将不甚满意的回信投递出去。此时，正逢黛莱达姐姐的婚礼在即，她在信中还邀请卡普安纳来参加婚礼——她十分想见见这位尊敬的师长。

在读过《田野故事》、《乡村故事》后，黛莱达有了新的灵感，她决定在姐姐的婚礼后开始一项意义重大的行动：亲自去撒丁岛游历，搜集撒丁岛的历史传说和奇闻逸事。

但是，眼下最重要的事是为姐姐的婚礼作好准备。

婚前的女子要先到戈纳雷山巅的圣堂去许愿。这天，黛莱达和姐姐一起随努奥罗的一群女孩子走过开阔的草场和橡树林的小道——这条路连接着努奥罗和戈纳雷山。

每个朝圣的少女都随身带着一小包食物，还带着一件为第二天的节日狂欢穿的长衫礼服。只有月亮在陪伴着她们，姑娘们有些害怕，于是黛莱达高声朗诵起《玫瑰经》来，为她们壮胆。

少女们在月光的薄纱下走着，突然听到远方传来马蹄的奔驰声，在草场和橡树林的蓝灰色尽头，一些黑影断断续续地出现——是赶来参加节日狂欢的人们。他们无论男女，都身着节日盛装，把黛莱达她们围住。双方谈笑了一番后，她们又继续踏上路途。

黛莱达有种感觉，这就像在生命旅途中徘徊，不知道在自己的道路上会碰上些什么人？发生些什么？回望身后的道路却又隐没在黎明前的黑雾中了。

黎明曙光慢慢现出来了，她们在古老而神秘的圣灵小教堂周围的平地停下来，有人跑去芦苇丛的小水潭洗洗脸，大家休息片刻便重新上路。

穿过长满一片片荆棘和野李子的田野，走过巨大的乱石滩，她们已经能清楚地看见山顶灰色的圣堂。

她们跪下来，做简单的祷告。山上陆续有人下来，是刚刚做完第一场弥撒的遥远乡镇的乡民们，他们也向姑娘们打着招呼。

走到更高一些，她们遇到一个庄重如修女的妇女，她拦住少女们，给她们讲诉圣巴巴拉的传说。她一边在身上画着十字一边说："戈纳雷的圣母和巴巴拉正是在这个地方相会的。他们互相看了看，握了握手。接着，圣母说：奥尔塞德巴巴拉啊！在我们将要到的地方，我们永不会再相逢。"说来也奇怪，戈纳雷的圣堂从各个地方都能看见，可是从圣巴巴拉所在的地方，这个教堂却怎么也望不见。

山路两边立着一个个十字架，乞丐们伸着手，哼唱着像呻吟一样的歌曲。姐姐和黛莱达给每个乞丐一个硬币。一到山顶，她们走近古老的教堂，那儿已经人山人海，她们好不容易挤到祭坛前。黛莱达帮姐姐插好蜡烛，跪下准备祷告。

穿白色神袍的僧侣开始唱弥撒，人越来越多，她转过身望见人头像波涛在起伏。从敞开的大门望出去，还有更多的人拥挤在教堂前的广场和周围的坡上。

黛莱达从来没看到过比这更宏伟的场面，比这更光彩夺目、五色缤纷的图画，哪怕在圣诞时，努奥罗的大教堂也没有见识过。

善男信女唱起圣母颂，曲调忧郁。千万种人声，千万种口音，像朦胧的飞鸟在向人啼鸣。

黛莱达被这声音感召着，更坚定了自己的信心，为了对人的深爱，她要走出去，更多的路在等着她。

2. 撒丁人的婚礼

撒丁岛的婚礼仪式还保留着许多古老的意大利传统。

婚礼前几天，黛莱达正和一些女伴在忙活着，有的在炉灶间照看着咖啡壶，有的在给客人将要入住的房间摆放糕点和酒水，有的在登记宾客送来的礼品，还有的人陪着什么活也不能干、只是穿着新衣端坐着的新娘迎接客人。

门口突然传来熟悉的声音："黛拉，我回来了！"

"姐姐！是哥哥！"

"嗯。"

"看我把什么贵客也给带来了。"安德烈朗朗的笑声伴着脚步声近了。黛莱达忙出去迎接，发现哥哥正领着几位陌生人朝自己走来。

"你好，格拉齐娅，久仰大名！我是路易其·卡普安纳。"

"您好，太巧了，在船上遇到了哥哥吗？不过瞧我这模样！"黛莱达瞧瞧自己劳作时穿着的衣服，不好意思地笑了。

大家也忍不住乐了起来，很快互相熟悉起来。卡普安纳如约到来，并且带来几位相熟的作家，其中还有和黛莱达在通信中早已成为好友的报刊编辑，在船上巧遇了回来参加妹妹婚礼的安德烈。

他们受到黛莱达家人热情的招待。安德烈带他们在撒丁岛到处游玩。原来只在黛莱达笔下得见的美景，如今终于得见，文学和现实的美交织着，让人心醉神迷。

黛莱达还向他们展示这些年自己整理撒丁岛资料的成果。虽然都清楚撒丁岛对黛莱达的重要性，但并没想到这个柔弱的姑娘为了文学事业和家乡付诸了如此多的心力，不禁心生敬佩。在了解了一些撒丁岛的风俗之后，也深深地为黛莱达的坚持和好学打动。

举行黛莱达姐姐婚礼的日子终于到了。

早晨，黛莱达早早起来帮姐姐梳洗打扮。父亲母亲也已经起来，穿着盛装在庭院里走来走去。

不一会儿，女伴们都来了，她们都穿着自己当新娘时的礼服，腰带绷得紧紧的，上衣勾勒出女性曲线的弧度，手上戴满了戒指。她们嬉闹着帮新娘穿上礼服：带上娘家送的长耳坠，披纱围住她的面庞，就像被光环围绕的新月。

新郎在一旁赞叹着，想要亲吻她，却被调笑："是想犯死罪吗？"

"那就让我死去吧！"

"哈哈哈哈。"大伙都笑起来。

母亲亲自安排婚礼的队伍，推着两个可爱的孩子走在前面，男女各一。接着是新娘，黛莱达和表妹在两旁，后面才是新郎，黛莱达的父母夹着他，其他亲友跟随在他们之后。

走到门口，母亲必须留下。她只好泪眼汪汪地目送他们远去。

黛莱达随着婚礼队伍慢慢地走着，早晨的空气宁静而安谧，她握着姐姐的手，婚姻就是像姐姐这样子的女人一生中最重要的部分。

教堂到了，新郎、新娘双双跪在祭坛台阶上，他们祷告、祈福——这个过程没有神父参加。

离开教堂后，他们仍然要在街道走动，让全城人都知道今天有一对夫妻结合了。人们站在窗口，或者走到大门口，来到街道上，用默默的注目为他们祝福。

一群流浪儿围住他们，讨些彩头，黛莱达笑着分给他们糖果之后又一哄而散。可是新人从市政厅办完正式手续出来后，却遭了些小小的恶作剧。

窗户，门口掷出小麦、干果、鲜花。欢笑阵阵，妇女们特意跑到新娘面前砸碎些盘子，喻意着她是纯洁的。姐姐被闹得羞红了脸。新郎大声邀请街坊到家里做客。

小麦像雨点一样落下，盘子掉地的声响此起彼伏。妇女、儿童叫嚷着："幸福！幸福！祝你们永远幸福！"

人们都被感染了，快活极了，起着哄让新郎当街亲吻爱人

这是黛莱达印象中感触最深的撒丁岛的婚礼。

3. 环游撒丁岛

送走了披着新嫁衣的姐姐，黛莱达走出书斋，顶着人们的种种议论，开始在岛上广泛收集各种民间传说故事。

那时，人们常常看见这个俏丽可爱的年轻女孩，身着朴素、方便行动的衣服，带着装着做记录的纸笔的袋子和干粮、水壶，骑着马穿行在撒丁岛的山野、牧场、码头之间。

渐渐地，她白皙的脸庞被晒黑了，带去的笔和纸张总是比吃的喝的消耗得多，换来的是一个个原本已经深藏在人们心中、曾经给他们的童年增添色彩但快要被遗忘的传奇故事，还有从隐居在山林深处的老人们那儿听到的许多流传许久的古老传说。

这些故事把撒丁岛的每一块土地都赋予了传奇色彩，让黛莱达对撒丁岛的历史有了更深刻、更形象的了解。

起初，那些保守的人们对她很不满，因为从来没有一个姑娘敢这样大胆地抛头露面，还只身一人深入偏僻地区，简直是有伤风化。

冷遇和意外从未使黛莱达动摇，她相信精诚所至，金石为开。只要自己真诚相对，一定会有更多人放下防备，对她敞开心扉，畅所欲言。

她的坚持和努力果然没有白费，她赢得了越来越多人的信赖，人们越来越喜欢跟她谈心，邀请她参加各种活动，小孩子们也很愿意亲近这个可爱善良而且肚子里装着很多故事的小姐姐。当讲述记忆深处的故事时，人们总是不知不觉地提到自己的童年，或者已经许久不曾想起的奇遇。于是，故事引出故事，新的故事又被创作出来。

那些沧桑的脸庞总是会有青春的余光闪现，倾听者仿佛置身于撒丁岛的另一重空间，熟悉的草木鱼虫都化身为精灵，四处游弋。

破败简陋的房屋，贫瘠的土地，早早被过度劳累和多次生育摧残的女人们，日夜辛劳仍然难以糊口的男人们，被饥饿榨干的儿童，这些都深深刺痛着黛莱达。

还有他们背负的传统思想的枷锁，有人向黛莱达吐露自己犯下的罪孽，比如偷盗人家的一点财物，与别的女人的露水姻缘……因为地处偏僻，没有神父会来到这些地方，他们把黛莱达当成了忏悔的对象，他们认为这个女孩有着宽仁的心肠、广博的见识，能为他们照亮心灵的黑暗。

一次，黛莱达收拾妥当，准备离开村庄，却被一个憔悴的男人拦下了。然后，他吞吞吐吐地说："您能不能慢些走，我……我……"

"有什么事吗？天快黑了，我得在天黑前回去。"

"求您！我……快被折磨死了！"男人几乎要跪倒在地。

"可怜的人儿，该是出什么事了？"黛莱达心想着，下了马挽起他。

"我的女儿，她的鬼魂总是来找我……我明白是我的错，我的错，可是……"他有些语无伦次，双手紧紧抱着头。

"您的女儿怎么了？"

"我那么爱她，生下来时就漂亮极了，可是，没办法啊！"

"病了？"

"冬天，冬天，没有吃的了，别人家也不愿意借。她妈妈没有奶水，大人吃点什么都能挨过去，每年都这样。可是，为什么她偏偏出生在冬天？……她死了，是我溺死她的，当时被什么迷了心窍，只觉得死比饿强，上帝会照顾她，我们的小天使。但是，梦里我总是见到她在哭，眼里流着血……"

其实，黛莱达也觉得难以相信，甚至不能掩饰自己的愤怒，可她明白他们是需要有多大的勇气和信任才向她吐露真言的，也知道这些罪人的本性并不如此，而且他们笃信教义，意识到自己犯罪后内心极度痛苦。约束如此之多，为什么罪恶仍然会出现？

这个疑问越来越强烈地萦绕在黛莱达脑中，那段时期，她一边整理收集的撒丁岛故事，一边遵循真实主义的文学理念进行创作。

第四章　向命运挑战

1. 逆境

姐姐的婚礼过后，家中就相继发生一些事情，快乐的时光似乎一去不复返。

其中，最重大的一件事是：黛莱达的父亲突然去世。

父亲的病其实已经累积多年。岛上医疗条件落后，人们的健康意识也不高，而父亲又天性坚忍，对于病痛的症状毫不在乎，认为咬咬牙就能挨过去，结果延误了治疗的时机。当在去往牧场的路上从马背跌落后，他已经病入膏肓：这次落马使他跌伤了头颅，从此神志不清；同时，旧疾更加肆无忌惮地在他身上扩展领地，加速了他病情的恶化。

父亲的病让家里乱了套——撒丁岛大小事务多是男人在操持，女人是不能过多插手的。无奈之下，母亲只好让黛莱达给哥哥递去紧急信件，让他赶紧回来。

安德烈踏上故乡的海滩时，迎接他的却是父亲去世的噩耗。

正当壮年的父亲被上帝召回，使家里一下子没有了顶梁柱。这样，本来只是回家探望的安德烈不得不留下来主持家族事务。照顾家中亲人，维护黛莱达家族在岛上的地位，是这个家族长子的责任和宿命。他对此曾经有所预见，但没有料到这一天会来得这么快、这么早，让他措手不及。

当还是一个默默无名的拉幕工时，安德烈就认识了他后来的未婚妻——一名出身平民家庭的演员姑娘。安德烈曾经给家人寄去他们的合影，照片中的兄长英气勃发，自信满满又有着读书人特有的一点点倦怠气质，和一旁清丽美丽的女子十分登对。家人十分认可两人的结合。就在父亲出事前不久，他们已经准备在安德烈升任剧场监督以后，回到撒丁岛举行盛大婚礼。

可是，命运之神却狠狠地捉弄了他们。

起初，安德烈表面上还表现得很适应归家的生活，也还存着一份希望，那就是深爱的女人忠诚于彼此的誓言——愿意追随他来到撒丁岛。也许他们可以为撒丁岛建一个剧院——这可是前所未有的事。不过，连他自己心里也没底：在这个女人多外出走动都会遭来非议的地区，要花多长时间才能允许女演员登台。

安德烈也清楚岛民们有着多年来保持的娱乐传统，野蛮而且粗暴。他们也许宁愿多一间酒屋，也不会想要一家剧院。

但安德烈还是把未来幸福美满的家庭生活当成他坚持的动力，正当他满心憧憬着爱人渡海而来时，等到的却是一封让他绝望的信件：远在大陆的未婚妻权衡之后忍痛割舍了这段缘分。

爱情、梦想在现实面前，被狠狠地撕裂、践踏。从此，酗酒、赊账成为安德烈的家常便饭。

黛莱达不知道看见多少次这样的情景：浑身酒气，烂醉如泥的安德烈被邻居勉强架着拖回家，嘴里还嚷嚷着："给我酒吧，不要别的，只要酒……"而且，每次回来，他总是需要家里替他还清赊欠的酒钱。

黛莱达悲哀地意识到：意志消沉、染上了酗酒恶习的哥哥，已经没有处理家中种种事务的精力了。

一到播种季节，撒丁岛上各处的产业久久等不来今年的生产计划，只好派人来家中询问。可是，见到的一家之主却是个一无所知、浑浑噩噩、答非所问的酒鬼，令他们大为失望。

于是，劳工们都转而向她的母亲请示，让她分配工作。可是，母亲对农田牧场的情况也不熟悉，只好又去拜托曾经行游各处、对情况较为熟悉的黛莱达。

这样一来，能够潜心读书写作的日子一去不复返。整理民间传说素材的进程也越来越缓慢。

被俗事占据身心的黛莱达很苦恼，她曾向母亲抱怨："我们就不能离开撒丁岛吗？干脆把那些农田、牧场分给已经在那儿过活了几世几代的乡亲好了。"

"哎，他们已经习惯了接受安排过活的日子，如果我们走了，他们就没了主心骨，很快就会荒废掉的。你的爸爸也想过离开，可最后还是留下了。"

"你看哥哥现在的样子……为什么一定要他回来，直接交给我们不也一样？"

"谁会料到，如果他不回来，不变成现在这鬼模样，没有人会信服女人的指挥的。"

"……"

"黛拉，你不会永远留在撒丁岛的，即使你永远属于这里，弟弟也会长大，等他能做事了……"

"妈妈，我会永远陪着你们，一切都会好起来的。"

这段时期，黛莱达的作品基本都是对撒丁岛传说的各种抒发和不同文体的试验。她于1894年出版的短篇小说集《撒丁岛的故事》，就是以发生在撒丁岛的奇闻轶事为主线改写的小说集子，十分有趣，在撒丁岛当地也很受欢迎。直到多年以后，仍然是撒丁岛的孩子必读的书籍。

1895年出版的散文集《撒丁岛努奥罗的民间风俗》，汇集了黛莱达对游历撒丁岛时经历过的各种传统活动、仪式的观感。

1896年出版的诗集《撒丁岛的风光》是她对撒丁岛之深爱的最

好表现，她满含感情地歌咏这故乡的自然景色，它们与她童年和少年时代的撒丁岛交缠在一起，显得非常亲切，那些山峦、荒野、田园不是静止的，而是同生机勃勃的森林、流动的河水、芦苇在低低絮语、鸟儿在飞翔。

由于哥哥意志消沉，黛莱达不得不忙于家事。这样，她就没有更多的时间安静思考。所以，相比要求更高的中长篇小说，她选择了更随意的体裁——散文、短篇小说、诗歌（这些都属抒情的文体，对文字造诣的要求是在逐步上升的）。

黛莱达并没有忘记文学梦想。她随身带着速记的小本，不仅可以随时记录脑中闪现的灵感，还可以速记许多生活场景。有时实在腾不出手来，她甚至练就了一边忙活，一边在脑子构思造句的本领。

2. 《邪恶之路》

家庭内部正在酝酿的一场风暴，催生了黛莱达的成名之作《邪恶之路》。

这仍然是一个发生在撒丁岛乡村的故事：

主人公玛丽娅是雇工彼特罗的女主人。起初，他们互相看不惯，后来，彼特罗出于男性本能，对美丽的女主人产生了欲念；在爱情的催化下，他们最终相爱了。但是，地位悬殊、贫富差距成为了他们之间无法逾越的鸿沟，深深地折磨着彼此。内心饱受折磨的他们，痛苦地决定分开。

玛丽娅把婚姻作为进入资产者圈子的敲门砖，嫁给了有钱有势的财主弗兰切斯科。彼特罗认为这是背叛。原始本性苏醒的他，被疯狂的情爱所控制，最终杀死了情人的丈夫。

玛丽娅守寡后，终于与获得一笔不明财富而发迹的彼特罗喜结良缘。但是，玛丽娅很快发现了爱人就是杀人凶手。她先是感到可怕，但一种赎罪的意识又扑面而来——她意识到，如果不是因为他们之间的情爱，弗兰切斯科是不会死的，自己也是帮凶！经历复杂的心理挣扎之后，玛丽娅决定把自己的痛苦与彼特罗的痛苦相融合。他们被情爱与罪孽交织成的枷锁连在一起，再不能分离——无论是走向地狱还是天堂。

就这样，黛莱达在家庭风波中，写下了关于救赎和人性的文字。她盼望一切快点好起来，又对隐藏着的风波感到不安。

在此期间，黛莱达的创作一直在摇摆：有些作品真实客观，但失于诗意；有的则通过文学的美化，遮蔽了现实的困苦和贫乏。这次，她不再将小说作为富于撒丁民间色彩的抒情载体，而是要让小说表达出她对道德的思索。她想让更多人看到这个古老社会中诞生的美与丑、善与恶，让读者看到20世纪初叶历史转折时期撒丁岛的人情世态以及这里生活的微妙轨迹。

她在自己的一则小说里曾写过这样的话：一个农村妇女说："你认为那些强盗是坏人吗？啊，那你就错了。他们只是想显示他们的本事，仅此而已。过去男人去打仗，而现在没有那么多的仗好打了，可是男人需要战斗。因此他们去抢劫，偷东西，偷牲畜，他们不是要做坏事，而是要显示他们的能力和力量。"所以，那里的强盗得到的更多是人们的同情。如果他被抓住关进监狱，那里的农民就会说一句意味深长的话——"他碰上麻烦了"。一旦他获得了自由，恶名也就与他无关了——事实上，当他回到家乡时，他听到的欢迎词是"百年之后让这样的麻烦来得更多些吧"。

坐在门边缝补的女人，葡萄汁四溅的大桶，地窖里堆叠的橡木桶，在田地里牵着耕牛的男人，葬礼，婚礼，洗礼，祈祷……这些撒丁岛的生活场景都出现在她的作品中，令人读来感到亲切。

她还记得自家那个身材高大的佣人。他很灵活，总是穿一件很旧的褪色的外衣，衬里是天鹅绒的，外衣上还罩着一件没有袖子的罩衫，料子是小羊皮，染得很粗糙，但剪裁很好，做工也精细。他脸色古铜，轮廓分明，留着直直垂在前额的黑发，尖尖的山羊胡子，让他的脸庞显得很修长，眼睛好像是暗暗的灰色，闪烁发亮，但十分柔和。他待人只能算有礼有节，并不十分亲切，但做起事来十分尽心尽力。

还有姐姐，她总是把那一头乌黑卷曲的秀发结成两条大大的辫子垂在脑后，金色的肌肤闪着迷人的光泽，前额低垂，黑眼睛细细长长的，她喜欢带一副有珊瑚耳坠的金耳环——这和她玲珑剔透的耳轮十分相配。姐姐出门时，总是回眸冲她笑笑，腮上的两个酒窝让人感到心情愉悦。

可是，姐姐却嫁给了现在的丈夫——一个有着许多葡萄园、满坡的橄榄林、牧场里有成群的牛羊的又矮又丑的男人。

黛莱达在写作《邪恶之路》时，体会到一种前所未有的感觉，不会像从前那样反复琢磨，她甚至不必费神去想人物的对话是什么——他们仿佛是活生生的，就在她眼前。

白天，她依然忙于家务；夜晚，她的桌灯久久地亮着。这样一来，她未看的来信堆积得越来越多……直到有一天，远在撒丁岛另一端城市的友人突然来访，她才意识到大家都失去了自己的消息，十分担忧。

此时，她的新作已经接近尾声，便拿出手稿给友人看。她看得入神，最后小心地把稿件还给黛莱达，并深深地拥抱她："我为你感到骄傲，可是它会刺到多少人的痛处啊！我的朋友。"

黛莱达笑了，眼中微光闪烁，并不多言。

她拉起友人的手往外走去："我们去吃些点心吧！这么远赶来，一定累坏了，今天就在家里歇着，好吗？"

……

《邪恶之路》一经出版，变引起了极大的反响，甚至成为当时的畅销读物，连不识字的人都聚集起来请人念诵。这使黛莱达在文学界声名大噪。这样的故事变幻着不同的外衣，就出现在众人的身边，甚至于人们总能在其中找到对照。撒丁岛美丽的大自然让人心驰神往，人物不再是单一的、形式化的，而是真实的，展示着复杂的人性，采用的语言带有地方色彩和浓厚的生活气息，真实动人，趣味盎然。

但是，也有人斥责她败坏风俗，认为《邪恶之路》就是一本女巫的书，是引人走向歧途的，因为玛丽娅和彼特罗最后也没有得到真正的惩罚。他们还说，她玷污了圣洁的撒丁岛，给意大利的明珠抹黑。

就连卡普安纳也来信质疑她的创作思路：为什么要把这样罪恶的事写得如此动人心扉？怎么能把淫荡的女人写得那么美丽、把为欲望驱使的杀人者写得相貌堂堂？是不是在美化罪过？这会让人们的心变得软弱多情……

第五章 转折的人生

1. 羞涩玫瑰

　　随着年龄的增长，25岁的黛莱达情窦初开。

　　黛莱达已经见识了爱情在他人身上的力量——爱情让人愉悦，给人以无限的希望和憧憬，能唤起绝望的人新生，爱情笼罩的世界能焕发出最绚烂的光芒；爱情又那么危险，会把人引入万劫不复的深渊，被爱情捉弄的人只能任其摆布。

　　年少时的黛莱达喜欢读托尔斯泰的《安娜·卡列琳娜》，她被安娜的勇气所震撼，更为她的悲剧命运感到愤怒和不平。她还喜欢陀思妥耶夫斯基的《涅朵奇卡·涅姿万诺娃》，这是一部陀思妥耶夫斯基并不太出名的，而且没有完结的作品，书中讲述了两个小女孩之间天真炽烈的相爱。

　　爸爸曾经告诉她，这只是小孩子之间的友谊，可黛莱达并不这么认为。

　　黛莱达憧憬爱情，就像所有的少女一样，在情窦初开的年纪，她曾经偷偷爱恋着骑马奔驰在牧场上的英俊少年，她求哥哥教她骑马——这样她可以和牧羊少年一起纵马驰骋，或是一齐在山坡上漫步。但当他们真正有机会接近时，她的痴迷却很快被对方粗鲁的言行举止和身上散发的羊膻味吓跑了。这只是现实给她开的一个小小玩笑，却已经足够让她惆怅许久。

　　有时，她对朋友们说："以后我一定会为了爱，像安娜那样义无反顾，即使最后……走向死亡！"可有时候，她又十分悲观："这世界上没有真正的爱情。我最喜欢的邓南遮，他追求过那么多人，甚至为了其中一个与人决斗，最后还不是抛弃了她？"

撒丁岛的乡村里，越是穷困的人家就越希望女儿早一点儿被人娶走——这样能减轻点家庭的负担。可是，她们去到夫家，也不过是像女佣一样，身心都备受摧残。只有少数人是因为感情结合的。黛莱达参加过许多女伴的婚礼，也眼见着她们渐渐远离天真烂漫的少女时光。

黛莱达是独树一帜的，她的作家名声早就传遍了撒丁岛，普通男子也不会产生主动追求她的念头，黛莱达也早已不把这些每天只知道为生存而劳碌的男人放在心上。

她的早期作品中，就有许多爱情故事。比如：《撒丁岛的血》就是一个关于三角恋爱的悲剧故事——爱情的主题一直是她创作时常用的主题；《皇族的爱情》更是黛莱达在还没有亲身体验爱情滋味的懵懂时期，对这一人类最奇妙情感幻想的集成。

可是，爱神怎么会忘记这朵撒丁岛的文学之花？他要让她尝尽爱情的甘与苦，历尽爱情的笑与泪。

她的文章就成了爱情的桥梁。一天午后，街上几乎没有行人，她和朋友正悠闲地看着商店的橱窗，想挑选些小玩意，走着走着，却觉得身后好像有人在跟踪她们。她偷偷地回头一瞥，还真有一个年轻男人，手里好像还拿着什么，朝她们急急地走来。

他一边走一边说："前面的小姐，请等一等，等一等。"

"这人太奇怪了，我们可不能搭理他，快走！"黛莱达刚想停下脚步，却被朋友拉着小跑起来。

男子好不容易赶上她们，一个箭步挡住她们的去路。一番解释后，她们才知道他是努奥罗学校的新文法老师，来自于大陆。因为十分喜欢她的作品（特别是《撒丁岛的风光》），所以对撒丁岛心生向往，正在请求来到这儿工作。他早就想找机会拜访黛莱达，可是想到陌生男人登门拜访可能会给黛莱达家造成困扰，所以一直没有去。今天无意中在街上撞见，他才鼓起勇气，冒昧追赶。

这样的崇拜者，她还是头一回碰见，而且这位从大陆来的青年教师仪表堂堂，谈吐文雅，给黛莱达留下很好的印象。这年轻人虽然久仰黛莱达的名声，也知道她还年纪尚轻，可没料到她竟然是一位眉目清丽的妙龄少女。他由衷的赞美让黛莱达羞红了脸。

两颗年轻的心很快走到一起，这是黛莱达第一次尝到恋爱的甜蜜。可是不久之后，他已经习惯大陆喧嚣和繁荣的恋人还是受不了撒丁岛的寂寞，最终选择回大陆。

黛莱达伤心极了，甚至在给熟悉的报社编辑写信时都忍不住狠狠地对男人明嘲暗讽一番。这位编辑虽然没有见过黛莱达，但也对她钦慕已久，还发表过许多评论赞扬黛莱达的创作。可是，黛莱达在与他的通信中总是很客气，而且从不提私人事务，他的爱慕之情自然也没有机会倾吐。这一次，他在回信中安抚黛莱达，暗示自己对她的情意。这封回信让黛莱达啼笑皆非，不过女儿家的虚荣心也得到了很大的满足。

1895年，黛莱达的小说《正直的灵魂》和《引诱》借人物之口道出了她对爱情的重新认识——现在的她已经不再是从前那个懵懂天真的少女了。

《邪恶之路》风行意大利后，有记者专程来到撒丁岛采访她。这位《论坛报》的记者叫斯塔尼斯·曼卡，同时还是位戏剧评论家。起初黛莱达家并不愿意让她接受采访，曼卡只得在旅店住下，等待机会。

有一天，他去酒馆闲坐，听到老板偷偷抱怨时提到"黛莱达"，这才打听到黛莱达的哥哥安德烈原来是个戏剧爱好者，常在这儿喝酒，还老欠酒钱。

于是，他每天来酒馆守候，以谈论戏剧作契机，请安德烈喝酒。他和安德烈相谈甚欢，同时被安德烈视为知己。曼卡也了解了安德烈的苦闷和才华，答应以后有机会一定帮他重返剧院天地。

很快，在哥哥的坚持下，黛莱达接受了采访。她和曼卡的友谊也通过信件渐渐深厚，当她意识到等待远在意大利北方的曼卡的来信已经是她最牵挂的事时，她知道自己又恋爱了。可这太不现实了！她向曼卡坦诚了自己的爱意，曼卡也告诉黛莱达，自己早已爱上了她。

他正在努力筹划一出剧目，这是为安德烈准备的。安德烈对此寄以极大的期望。在他看来，这是自己东山再起的良机。可多年的浪荡生活已经损耗了他的身体和精神，他根本不胜任这份工作。很快，曼卡和安德烈的友谊出现了裂痕，这也影响了黛莱达和曼卡之间的感情。

更何况，黛莱达家人从来都坚持她一定要嫁给律师、大夫、工程师这样有稳固牢靠职业的男人，而不是小说家、诗人或者记者这些在常人眼里不可靠的人物。

安德烈这个突破口，随着曼卡和他的彻底决裂而失去可能。曼卡也对这段感情失去了耐心和信心。他和黛莱达的关系最终回到了朋友的轨迹。

1896年到1899年期间，除了与曼卡的恋情，黛莱达还收到过不少向她表达爱意的诗歌，甚至还有音乐家为她创作曲子，借音乐传递心声，想赢得她的芳心。

但是，此时黛莱达已经家务缠身，又忙于写作，竟无暇顾及感情世界的风浪四起。

从她这几年的作品《宝库》、《客人》、《正义》也可以看出，此时的黛莱达更多的是在忧虑地思考深层、严肃的道德伦理问题。相比之下，这些作品的质量已经无法与此前的《邪恶之路》相提并论。这时黛莱达笔下的撒丁岛失去了勃勃生气和温暖人心的魅力，变得晦暗，愁肠百结，就像那时黛莱达的心绪。

在现实的重重围困之下，她的活力在干涸，她在等待生活的新动力。

2. 莫德桑尼

在和曼卡合作的过程中，安德烈也渐渐清醒了过来。家人的包容和关爱也让他感到十分羞愧。慢慢地，他戒掉了酒瘾，开始重新面对自己的生活。

这时他结识了后来的妻子——一个虽然文化不高，相貌也无法与从前的爱人相比的普通撒丁女子。她热爱生活，喜欢劳动，尽心尽力地照料他，而且她喜欢待在他身边，听他讲述诗歌和戏剧。

婚后，她还告诉丈夫，其实撒丁传统中也有戏剧的成分，为了让大家享受狂欢的氛围，有人会在节日和祭典的时候，装扮成各种精灵鬼怪调动气氛。但他们并不太清楚怎么演绎这些角色，所以这些年，这样的人越来越少了。她很怀念小时候参加过的那些好像真的走入神奇魔幻世界的节日。

于是，安德烈闲时常常指点乡人一些表演技巧，邀请妹妹为他们写一些根据古老传说改编的小剧本。

黛莱达从此开始了剧本写作的尝试。

1899年9月，黛莱达迎来自己在撒丁岛的第28个秋天。在熟悉的景致中，田间很早就开始喧闹，人们又开始新一轮的忙碌，采摘果实，收割粮食，酿酒……

现在，哥哥嫂嫂已经完全接手了家中的事务，弟弟也长大了，是个很得力的小帮手。黛莱达已经可以完全从俗务中脱身了。

可是，此时的黛莱达感到自己一生中最美好的时期也正在接近尾声，可是果实又在哪里呢？难道就这样步入寒冬了吗？

她甚至提不起精神来创作新的作品。在这种情况下，她决定外出散散心。于是，在这一年十月，她接受一个朋友的邀请，启程前往撒丁岛的首府卡利亚里。

一段舟车劳顿的赶路之后，她来到朋友家门口，敲了敲门，一阵脚步声从门后传来，她预备着给朋友一个惊喜的拥抱。

门锁传来转动的声音，她一把推开还未来得及打开的门扉，另一手揽了过去。

"想我了吧！亲爱的。"

"小姐，您……"

耳边是男人的声音在响起。她才反应过来自己冒昧了。待她镇定下来，才注意到这是一位从未见过的男士，看上去成熟有礼，并没怪罪黛莱达的冒失，只是饶有兴致地带着笑意看着她。

那一瞬间，黛莱达像是被什么击中了，她有种从未有过的感觉，对这个初次见面的人有种由心而生的熟悉和信任。

时空仿佛凝固了。

经过朋友的介绍，她才知道他名叫帕尔米罗·莫德桑尼，是一位从罗马到卡利亚里出差的财务部官员，也是这家男主人的好友，公务期间就暂住在这儿。刚才女主人在忙着照看咖啡壶，所以麻烦莫德桑尼代劳开门。

一向开朗大方的黛莱达却被自己的感觉吓到了，有些不知所措，以至于和朋友对话都有些心不在焉，总是想着一旁的莫德桑尼，想要了解他、倾听他。

她不知道，莫德桑尼也已经对她一见钟情，只是良好的教养和风度让他表现得十分镇定，但心里已经波澜起伏。

两人渐渐平复了心情后开始交谈，黛莱达知道了莫德桑尼虽然身居官职，但十分热爱文学、艺术，黛莱达的作品，他也几乎都读过。他告诉黛莱达，她的作品是随着他一起成长的，即使同样的题材，在不同的时期，也会被黛莱达演绎出不一样的风范——一个写作者要达到这样的境界并不容易，他十分羡慕和十分钦佩。

黛莱达则十分坦率地告诉他从前她对官员的印象。他听后，不禁哈哈大笑起来。

他们热烈地说着，忘记了周围人的存在。朋友看在眼里，心神领会，悄悄地让出空间留给这两个互相寻找、等待对方许久、此刻终于殊途同归的爱人。

时间过得飞快，莫德桑尼的公务完成了——他要回罗马了。虽然黛莱达知道他们很快就会再见，但她从来没有过这么但她从来没有像今天这样失落，就像失去了一部分的自己。

他们在码头久久相拥。

1900年1月，黛莱达和莫德桑尼在撒丁岛成婚。他们的蜜月是环绕撒丁岛的旅行。黛莱达领着爱人游历属于自己的撒丁岛，向他讲述自己童年、少年、青年时光，也向他说出自己的苦恼。

"黛拉，我们去旅行吧，走得比撒丁岛更远，如果你愿意，我们还可以走得比意大利更远，比欧洲更远……"

就这样，在同年四月，她和丈夫来到罗马，开始了新的生活。

3. 与爱同行

黛莱达的新生活的第一站是意大利的首都罗马。

罗马已有2500余年的历史，是意大利占地面积最广、人口最多的城市，也是世界闻名的艺术宝库、文化名城。

这里汇聚着来自意大利全国、欧洲，甚至世界各地的人才，特别是艺术家，因为这里有灿烂的古罗马时期建造的恢弘建筑，也有街头巷尾随处可见的大大小小的喷水池——它们不仅是建筑史上的奇迹，也是辉煌罗马时代享乐风气的产物。

站在古罗马广场的空地上，她遥想着意大利的先哲们——维吉尔、贺拉斯、奥维德、卢克莱修、但丁、彼特拉克、薄伽丘、达·芬奇……

这是他们曾经出没、生活过的地方，虽然她还不知道为什么罗马这座城市会有怎样的魅力，但是在她的文字世界里早就受到他们的指引，那些非凡的思想和才思是她渴慕已久的高峰。她曾经在脑中描绘过罗马的样子，可是罗马城的气韵非凡，远远超乎她的想象。

这是一座无与伦比的城市：有保存完好的古代遗迹，也有新兴的城市设施。

对于黛莱达而言，一切都是新奇的，她像一个孩子，不知疲倦地四处游览：在万神殿拜望诸神；在古罗马大斗兽场聆听古时人兽厮杀的惨烈……

圣保罗大教堂、君士坦丁凯旋门、真理之口、国立绘画馆、西斯廷教堂、鲜花广场、古罗马大斗兽场、古罗马广场、多利亚潘菲利美术馆、特莱维喷泉、罗马圣彼得广场……一切人类文明成果围绕在她的周围，使她感受到罗马的厚重，也感受到罗马的生机——这是她的故乡所稀缺的。与之相比，撒丁岛更像是一个自成一体的空中花园，而罗马处处洋溢着一种新颖的、充满活力的气息。

她为即将开始在这里生活而心潮澎湃，她也想融入其中——这样可以得到新鲜的血液。

黛莱达像一块海绵一样如饥似渴地吸取一切事物，看时髦的戏剧演出，听各式各样的音乐会，参观画展，观察少妇们繁复的打扮。

她觉得自己知道得太少了，虽然到现在她还无法判断许多事物的价值，但是她对所看到的一切都努力去思考，就像一张单薄的白纸，想要涂抹上纷繁的色彩，可一开始只是所有色彩的泼墨。

可是渐渐地，莫名的不安开始侵扰她——她突然不知道自己还能做什么。丈夫收入不错，她完全不必为生存担忧，但是他忙于工作，没有过多的时间陪伴她。

站在十字街口，她有种迷路的感觉，不知该何去何从，这时候她意识到以前那个撒丁岛的黛莱达正在渐渐迷失……

黛莱达迷上了看电影、看戏，或者只是在书店闲逛。初来乍到的她还没有熟悉的朋友，她试图去结交朋友，但是那种可以让人安心的朋友总是遇不上。所以，就算多认识几个和她一样的家庭主妇，她还是感到孤单，甚至开始靠吸烟来排遣。

终于有一天，她告诉莫德桑尼说："我好像找不到自己了……"

碎片化的城市生活方式，搅乱了黛莱达澄明清透的心灵世界。

人们虽然忙碌，却并不多思考，他们谈论同样的话题，隐藏着真实的自己。虚伪、欺骗无处不在，被视作城市生存的法则。

她不愿相信连购买的食物都是谎言，摊主热情的笑脸只是奸诈的面具，精美的包装里是腐烂的残渣，连打理家务也像是一种无形的法则压迫着她。

当她匆匆赶回去想质问摊主时，那儿已经空空荡荡。像一块城市的疮疤被撕去美好的遮盖，裸露出来。黛莱达无所适从，她想逃离，想回到撒丁岛去，她开始怀恋家乡的丘陵和晨雾缭绕，这在罗马是绝对看不到的。

她向莫德桑尼说出自己的想法，丈夫才意识到问题的严重性：黛莱达虽然年近三十，也经受了许多生活的磨砺，但是心性敏感的她，从撒丁岛简单熟悉的生活环境一下掉入大都市的漩涡中，只能像个毫无自保能力的无知孩子。而自己却忽略了这一点，就这样把她独自交给这个复杂的城市。

他诚恳地向黛莱达道歉，并申请了假期。

他决定亲自陪伴黛莱达去适应城市，在更大的世界中找到她的位置。

首先，他们前往意大利中部有"西方雅典"之称的佛罗伦萨。

在15世纪到16世纪的文艺复兴期间，这里是欧洲最著名的艺术中心。它是世界上最丰富的文艺复兴时期艺术品保存地之一，城中共有40所博物馆和美术馆、60多所宫殿及许许多多的大小教堂，收藏着大量的优秀艺术品和珍贵文物，是黛莱达十分向往的艺术天堂。

这里还有许多文化名人的故居留存，供人凭吊。

莫德桑尼很熟悉佛罗伦萨，他领着黛莱达流连城中，寻找文艺复兴艺坛"三杰"的达·芬奇、米开朗琪罗和拉斐尔在这儿留下的历史痕迹，拜访但丁的故居。这一次，他十分留意黛莱达的情绪，对她关爱有加。

黛莱达就像在城市中蹒跚学步的儿童，在爱人的耐心引导下，慢慢地熟悉城市的生活节奏和处世规则，而且开始思索现代与传统的人类生存的冲突和差异。

她写下了《深山中的老人》，文中久居深山、远离尘嚣变化的老者，在面对外来人时，虽然表面上没有受到伤害，但实际上他的内心世界被侵入，受到极大的冲击。

老人的经历，也许正是黛莱达当时的自我写照。

这种改变是无可挽回的，就像老人最后要走出深山一样，黛莱达知道自己在真正亲身体验了外部的丰富博大之后，也不可能蜷缩回撒丁的怀抱了，她必须努力找到自己和当代社会的平衡点。

其次，他们参观了梵蒂冈。这个属于宗教的国中国，使这个从小信奉天主教的小姑娘感到一种前所未有的信仰冲击。对比之下，她发现故乡对于天主的信仰更执著、更朴实，而不像这种被精细打磨过的东西，靠着宗教仪式的气势、建筑塑造出的氛围来留住人们的心。

黛莱达和莫德桑尼的脚步遍及意大利的许多地方，看到了各地的风土人情，黛莱达进一步对自己的国家有了了解。

旅行的收获还不仅如此，当旅行接近尾声时，黛莱达惊喜地发现自己怀孕了。

4. 初为人母

在怀孕期间，黛莱达一直待在家中，以一位母亲的心态安心写作。

在此期间，黛莱达接到《新作选编》的稿约，于是创作了小说

《艾利亚斯·波尔托卢》。这篇小说是黛莱达对自己此前写作的一次整合尝试，这是她在旅游途中就想过的事。

小说的主体情节是她惯用的爱情与道德发生冲突的故事——一对青年的爱情悲剧：

23岁的牧羊人艾利亚斯莫名其妙地被判以强奸罪名，蹲了好几年冤狱。出狱后，他从大陆回到撒丁岛的老家。不幸的是，他爱上哥哥的未婚妻玛达蕾娜，姑娘也爱上了他——其实她根本不喜欢粗鲁酗酒的未婚夫。

可是，监狱里的宗教教化已经在他心灵拴上了重重枷锁，他敬畏上帝，也不敢追求自己的爱人——这样的枷锁，让人喘不过气。

他受着爱的煎熬，又害怕天主的惩罚，终于在哥哥结婚的那天病倒。当看到玛达蕾娜婚后时常遭到丈夫无端的殴打，他的自我牺牲并没有换来他人的幸福时，他对上帝的信仰便动摇了。终于在狂欢节的深夜，他闯进了玛达蕾娜的卧室。

他的感情和欲望都得到了满足，而良心的痛苦却加深了。在玛达蕾娜为他生了一个男孩之后，他进了修道院。

两年之后哥哥病逝，他本来可以合法地结婚，却因不敢面对可能招致的非议而继续留在修道院。

他心中的爱情之火几乎熄灭，可是对儿子的爱成为压倒一切的最强烈感情，而儿子不久后也夭折了，他必须永远用痛苦来赎罪。

小说详尽地刻画了主人公被宗教思想束缚的痛苦挣扎，描写了起初想爱又不敢爱、后来相爱而不能爱的困难处境和矛盾复杂的心态。古老的文明既显示出它淳朴的一面，更表现出其苛刻严峻的实质。

《艾利亚斯·波尔托卢》从故事类型、写作技巧、人物塑造等方面仍然带有黛莱达早期小说中的典型特点，但已经能看出她在离开撒丁岛后的改变。

在《邪恶之路》中，彼特罗是受本能的驱使的象征，他接受并且强化欲念对他的所作所为的控制作用。他虽然受到一些传统道德的阻碍，但基本上影响不大。

而艾利亚斯则不同，他的人性被宗教思想压制。现代心理学研究表明，人在监狱那样非人性的环境中，心理会受到很大的刺激和损害。如果犯人本是无罪的，这样的伤害会更严重，他们很容易对自我产生否定。宗教对残缺的心灵固然有很强的抚慰作用，但如果同慰藉一起植入的是僵化的道德原则，那么这也会像深深的烙印一样永远留在潜意识中。

所以，其实艾利亚斯是比彼特罗更不幸的人，他还是黛莱达对城市人群的关照的象征。城市就是一座巨大的监狱，他们受到更多的规则束缚，每个人都要遵守它的规章制度，否则就无法生存，他们恐惧无处不在的社会可能施予的惩罚。

黛莱达已经很敏锐地注意到城市的封闭性。虽然看上去，城市中人们思想更开放、行为更自由，但为什么每个人对于那种田园牧歌式的乡村生活还是会产生向往？人类的灵魂到底需要怎样的保护和指引，才有可能靠近上帝赐予的本心？也许城市的封闭性使人们将自己锁在了城市这座城堡里而与自然隔离开来，而人终将是属于自然，人类本身也是与自然融为一体的，离开了自然的文明之路必将离神性越来越远。不仅如此，城市的封闭性还表现在人与人之间筑起了冰冷的难以逾越的高墙，他们为了更好地生存，像蚕一样吐了厚厚的丝把自己圈裹起来，结果却是物质生活得到了提升，而精神却离神越来越远。

《艾利亚斯·波尔托卢》的写作花费了很长时间，因为怀孕，黛莱达的身体状态一直在发生着变化。情绪也更加敏感脆弱，而细细体会这部小说，其中人物的心理也呈现出一种紧绷的，像时刻在刀尖上舞蹈的忍受和痛楚。

黛莱达的文学创作从来没有脱离过她的人生经验，她每一个时期的作品呈现给人们的都是她当时的写照——这是最难能可贵的。

5. 婚姻危机

莫德桑尼和黛莱达的长子降生了，他们为他取名弗朗茨·莫德桑尼。弗朗茨刚出生时，身体十分瘦弱，虽然丈夫没有抱怨黛莱达，但她知道这和自己怀孕时努力写作而产生的不定情绪有很大关系。

她还没有意识到自己已经是一位母亲，需要承担起养育的责任。还不待身体休养好，她又要拿起笔了。

这次，莫德桑尼震怒了："黛拉，这是你的孩子，他需要你，最起码现在，他比这支笔需要你！"

她看着莫德桑尼痛心不已的表情，想起自己在怀孕期间的所作所为，才惊觉自己简直是个冷酷无情的可怕的妈妈。

母亲不在身旁时，她完全不懂得如何去履行好作为一个母亲的责任。从内心深处，她像许多年轻的少妇一样还没有做好成为一个母亲的准备——如此重大的责任让人自然而然地想逃避。有时候，看着怀里的婴儿，她有一瞬间感觉这个小东西好像和自己没关系，脑子里全是自己那个文字世界，更觉得愧对亲爱的丈夫——也许是一切来得太快太轻易，让她觉得是理所应当，而不知珍惜。

结婚以来，她不仅没有为这个新建立的家庭添砖加瓦，反而一直滥用着对方的爱。此时，她该从自己情绪的影子世界——小说中走出来了，重新审视周围的现实，而不是沉醉于自己的幻想和感受之中。

为什么她在这个时期对写作有着近乎病态的渴求呢？

原来，黛莱达还没有真正克服对环境变化的不适应。只有在写作时，她才能回到撒丁岛，在那里她怀念自己未婚时的少女时代，可以暂时地逃避罗马带给她的还不能完全接受的一切——这是让她放松的最佳方式。

最终，她还是接受了丈夫的主张，在《黑暗女王》一书发表后，她暂停了写作，全心全意地照料家庭。

因为没有照顾孩子的经验，起初她总是手忙脚乱、顾此失彼；丈夫也不可能时时守着她，一切只能靠自己。黛莱达觉得自己提笔时总是得心应手、无所不能，可是面对着这柔弱的小婴儿时，简直笨拙到了极点。

不过，她很快摸清了要领，母性的本能终于苏醒过来。她渐渐地理解到儿子作为她生命的血肉分身，其地位甚至是丈夫都不能代替的。她逐渐地成为了一位称职的好妈妈。小弗朗茨在父母亲的关爱下，开始健康成长起来。

可是，生活远比小说要曲折，婚姻也不可能永远一帆风顺，更大的风波正在前方等待着黛莱达。

莫德桑尼家里原来的老女佣年纪大了，他们只好让她回家，另外雇了一个年轻姑娘罗莎帮着料理家务。新佣人十分活泼伶俐，很得家人欢心。黛莱达更是在她身上感觉到那熟悉的乡下女子的天然活力，把她当妹妹一样疼爱。

比起一天到晚不是忙于孩子就是忙于深思的黛莱达，罗莎更像平常家的女孩子，她只是关心身边现实细碎的事务，显然比有着太多不切实际想法的黛莱达更适合居家。她那种从小家庭出生的经历反而使这个姑娘习得了一套为人处世温和灵巧的本事。

罗莎能和女主人和睦相处，她那张甜甜的嘴和贴心的照顾也深得莫德桑尼的欢心……

渐渐地，黛莱达感觉罗莎变得有些傲慢起来：虽然表面上还顺从她，但有些交代的事她也不放在心上了，干活也没有从前认真利索。她以为是自己哪里得罪了她。

可是，黛莱达越是容忍，她就越是得寸进尺。终于有一天，罗莎照看小弗朗茨时，不小心让孩子摔着了。黛莱达情急之间，教训了她几句。这姑娘居然气得冲回房去，关上房门不出来了。

莫德桑尼回家后，发现家里气氛有些异样，却不敢主动询问妻子。黛莱达有些气愤地将事情的原委告诉了丈夫，她觉得要是再这样下去，还是换一个佣人比较好，毕竟关系到孩子的安全。

一向就事论事的莫德桑尼这次却一直支支吾吾，不说行，也不说不好。

这不是丈夫的处事方式，丈夫不可能在照顾孩子的方面对一个外人如此将就。黛莱达似乎猜到了些什么，意味深长地看了看丈夫。她不想乱怀疑丈夫，可是他在孩子问题上对罗莎的祖护让她气愤不已。她默默地回房收拾行李。虽然莫德桑尼好言哄她，但他最终在她的决绝之下道出了事实——他承认跟罗莎有过鱼水之欢。

书中写过的故事居然发生在自己家里，黛莱达感觉真是绝妙的讽刺。虽然心里很不是滋味，但她没有歇斯底里地大闹。她相信丈夫只是一时的好奇，不会动真感情，但她很清楚情欲的力量，也不敢确定丈夫的真实心理——毕竟才结婚没多久丈夫就心思不定，让她感到自己很无能。他们商定先分开一段时间，让各自冷静一下。

于是，黛莱达带着孩子回到故乡撒丁岛。她没有把实情告诉家人——丈夫移情别恋这样的事情在他们看来，可是对女子的奇耻大辱。她只说是因为想念亲人，而且弗朗茨长这么大了，还没到过撒丁岛，所以趁着莫德桑尼出差的空当回来探亲。

虽然表面上她选择了冷静的处理，可有时也控制不住内心涌出的愤怒和失望，却又要在家人面前强颜欢笑。她在给朋友的信中语气激动地写道："倘若我失去了对他的爱，我也就失去了生活的权利。"

她想通过写作来理清自己的思绪，开始《离婚之后》的创作，思考爱情、婚姻、背叛的错杂关系。虽然想努力做到冷静客观，但她还是带有低落无奈的思想倾向。

《离婚之后》是一个让人感到十分悲哀的故事：

君士坦丁被指控犯下谋杀案，并被判处很长的监禁。于是，他的妻子乔安娜决定离开他，向他提出了离婚。君士坦丁同意了——即使他仍然深爱着乔安娜。当他终于出狱时，已经离死亡不远了。临死前，他才说出真正的凶手其实就是他的妻子爱上的情人。因为爱，选择了为他顶罪，把自由和幸福留给乔安娜。但是，乔安娜对此一无所知。

黛莱达这段时期的作品，总是提及忧愁、悲观、宿命、欺瞒。

爱情是没有目的的，那只是一种感觉。婚姻不是爱情的坟墓，也不是爱情的归宿。她甚至察觉到，这两者之间没有必然关系。而婚姻必然是和责任相连的，既然两个人决定将彼此今后的命运连在一起，那么面对问题就要共同承担。她爱莫德桑尼，也知道是因为自己当时的状况，把他推向了年轻健康的姑娘。而一个总是被欲望牵着走的男人，也不会被她选为伴侣。这次她决定赌一把，相信丈夫会作出自己的选择。

莫德桑尼当然也十分明白妻子的良苦用心。被情欲迷住的心窍，在黛莱达抱着儿子踏出家门时，已经醒悟。他为这个心性笃定、敢爱敢行的女人折服，也为自己的错误感到无比羞愧。

他向罗莎说出了自己的决定，他不会放弃这个家而与她厮守。他要让黛莱达知道，她给他指引的道路之漫长，超过想象，它将占据他的一生。

罗莎自然没有黛莱达的气度和智慧。这个姑娘气坏了，到处胡闹，事情甚至闹到莫德桑尼的同仁耳中。一时间，他成了众人的笑柄。

莫德桑尼也承认这是自己犯下的荒唐事，从不为自己辩护。

上司赏识他的能力，也了解他的品行，在知道他和黛莱达之间的约定后，表示愿意帮助他调到法国去工作一段时间——暂离是非之地也许能有些帮助。

莫德桑尼怀着忐忑的心情再次踏上去往撒丁岛的路。也许自己会面对黛莱达愤怒的家人，也许再也没有机会与她携手。但是他必须迈出这一步。

当他再见到黛莱达时，她送给他自己最新的作品《灰烬》。

这部书讲述着爱与罪的故事：一位伟大的母亲，年轻时受骗，遭人玷污生下了儿子。但是为了孩子的幸福，她只能忍痛把他交给家境好的家庭抚养，而自己只能继续流离失所，历尽了磨难和屈辱。最后，为了不影响儿子的幸福，她结束了自己的生命。当儿子打开母亲在他出生时就留给他的护身符时，发现里边只是包着灰烬。

生命、死亡，一切都是灰烬，只有爱是永恒的，这就是母亲的命运，又何尝不是我们所有人的命运。可是犯下罪恶的人，如果能为了别人的幸福死去，他必定是荣耀的。带走了罪孽，留下的是希望和灿烂纯洁的火花。人们会记得她的殉道，而更加热爱生活。

"爱是恒久忍耐，又有恩慈；爱是不嫉妒，爱是不自夸，不张狂，不做害羞的事，不求自己的益处，不轻易发怒，不计算人的恶，不喜欢不义，只喜欢真理；凡事包容，凡事相信，凡事盼望，凡事忍耐；爱是永不止息。先知讲道之能，终必归于无有；说方言之能，终必停止；知识也终必归于无有。"

这段出自圣经的对爱的隽语，似乎也是黛莱达想要通过她的写作，告诉莫德桑尼自己对爱的理解。这个时期的黛莱达对爱的理解更深刻了——不仅仅是风花雪月、一见钟情的爱。爱的火花随时都可以燃烧，而爱的持久则取决于是否有爱的意愿。黛莱达明白了真正的爱是：无论你是否还有爱的感觉，都要不断地付出时间和精力——实现爱的唯一有效途径就是奉献。

第六章　新生活

1. 在法兰西

小弗朗茨留在了撒丁岛，黛莱达则随丈夫一起去往毗邻的法国。

莫德桑尼牵着黛莱达的手，像恋人一样，漫步在广场上，黛莱达在广场上静静地望着天空，似乎是还在思考的样子。

莫德桑尼很严肃地对黛莱达说："亲爱的，我觉得我们有必要好好谈谈了。"

黛莱达将自己从思绪中拉回来，她突然微笑了，说："你看，那只鸟多可爱，她不知道要飞到哪儿去呢。我猜，他定是想他的父母了吧。"

莫德桑尼心里明白了，他的黛莱达依然没变，她只是想念可爱的小弗朗茨了。

他抱着黛莱达说："亲爱的，我们把弗朗茨接来法国吧。"

而在黛莱达心里，她明白丈夫的担心，她也知道自己在写作和家务之间有时候是有点矛盾，甚至她自己都有点惊讶自己，在收拾好碗筷、小弗朗茨午睡的时间，她就可以一屁股坐在大书桌前开始写字，直到夕阳西下。但是，黛莱达似乎在享受着二者之间很微妙的关系所带来的痛苦与快乐，她既是一个贤妻良母，又是一个个性倔强的勤勉作家。她会和邻里妇人谈天说笑，聊聊一些日常琐事；也会在夜晚一个人在书房里想念她的撒丁岛，思索着一些她无法回答的问题。家庭生活给了她存在感，创作给了她反思的机会。

黛莱达和莫德桑尼在法国度过了一段十分美妙的时光。巴黎左岸的咖啡馆里留下了他们的笑声，小酒馆的酒杯里是他们浓浓的爱意，塞纳河默默地注视着他们的拥抱和热吻。

走过危机的两个人，都更加体会到对方的重要性，也更加珍惜彼此间的相伴。

黛莱达十分向往法国，因为在她的文学启蒙者中，19世纪的法国文学家占着极大的比重，她从小就受其熏陶——是斯丹达尔、巴尔扎克、左拉、福楼拜等文学巨匠的作品陪伴她成长，教会她看世界的多种角度、各种方式，当然还有法国式的浪漫情怀。

19世纪到20世纪是法国文学最伟大的时代。1789年法国大革命后，文学作为时代敏感的脉搏，传达着当时的动荡、不安和变幻。那时候是世界文学史上最绚烂的时代之一，"主义"频频变更，流派百家争鸣，思潮此起彼伏，在这其中淘炼出的作品，也许风格不一、形式多样，但它们写尽了人间的善、恶、美、丑，只为了实现教会人们怎么去思考、去爱的理想。这才是照亮人类心灵的永恒的灯塔。

她在拜访这些拥有伟大心灵的作家的故居或是安息之地时，不禁想起自己整日不知疲倦地趴在爸爸的书桌上，随着他们的笔墨共舞的年少青春。青少年时代的阅读经验，总是最美好的，也许还不懂历史风云的变幻，只是被一个个生动的故事、传奇感动着。可是，人们最先需要学会的，正是自我认识，学会如何爱人、如何为人所爱。

她意识到，个人的写作可以不理会具体读者的喧嚣吵闹，可以写一个人的心理路程，但是必须连接着全人类共同的理想，不能失去爱的力量。

在法国，黛莱达还收获一份小小的礼物——被邀请为法国有名的时尚杂志写专栏。这份赏识也增添了黛莱达身为女性的自信，她说："有哪个人是不爱美的，除非他们不热爱生活。" 这是她看到法国人艺术化的生活后发出的由衷感叹。他们就是活生生的艺术品，无论从外表、行为举止还是头脑，都浑然天成、独具魅力。

事情的经过是这样的：

这对爱人走到哪儿，都会有热情爱美的法国人赞赏他们，有时还请他们喝咖啡。这天，他们正在小酒馆闲坐，津津有味地听着小调，一位打扮时髦但又不张扬的帅小伙凑了过来，跟他们攀谈。原来，他是法国有名的时尚杂志的编辑，喜欢到各种聚会场所观察人们的穿着打扮，搜集时尚信息。他刚一进门，就被莫德桑尼夫妇的打扮所吸引，因此想请他们喝杯咖啡。

当他知道他们是从意大利来的时，露出恍然大悟的表情。他告诉黛莱达，意大利的风范随时引领着欧洲的时尚风向。他得知黛莱达是位作家后，突然一拍桌子，激动地说："太好了，能不能邀请您在我们杂志开一个意大利时尚的专栏？"黛莱达告诉他，自己这样的装扮在意大利很常见，而且也不熟悉这方面的资讯，恐怕难以胜任。

"相信我，我认为您对衣物的挑选和搭配都很不错，这是难得的天赋。只要写出您自己的观点，就绝对没问题。"他很诚恳地请求黛莱达。

于是，黛莱达接受了这份小小的兼职，并且此后一直持续了很多年，以至于在法国许多人听到格拉齐娅，只知道她是位漂亮的时尚专栏作家，而对她的文学创作毫不知情。

黛莱达并不介意说自己并没有追求时尚，而只是选择适合自己的而自己又喜欢的东西做伴。再说，如果把意大利的艺术品穿在身上，能让别人感受到美带来的快乐，何乐而不为呢？

2. 简单生活

20世纪初，欧洲的局势充满火药味，意大利也并不太平。统一后的数十年，它仍然没有雄厚的财富累积，没有合适的国家机器，工业落后，农民贫穷，状况堪忧。人们开始把繁荣意大利的希望寄托在战争上，民族主义风行。许多作家的思想倾向也变得十分颓废。依靠追求混乱刺激的生活方式来麻痹自己，像不知航向的船只随波逐流。

当时，宣扬极端个人主义的颓废文学盛行，希望他人与个人、社会、历史的关系破裂，提出人是"没有门窗的单元"，只能在绝对的孤独中生活，无法同其他人建立任何联系。迷信暴力，主张"超人"凌驾在一切道德之上，反对采用民间语言从事文学创作，提倡形式主义，否定文化传统。

黛莱达在波涛汹涌的海洋中，就像一座安静的小岛，处变而不惊。她选择了最最普通的生活，开始有意识地与纷扰保持距离。

1904年，黛莱达诞下了她和莫德桑尼的第二个孩子，名叫萨尔杜斯。他是个健康的男孩，对待他身边的世界总是显得兴味盎然而且常常大笑。二儿子的天性显然更讨黛莱达的喜欢。

过去留下的小小阴影，让他们家再也没有请过佣人，全靠黛莱达一人料理家务，照顾两个年幼的孩子。她必须学会在有限的时间里，应付好无穷无尽的琐事。在这个过程中，她懂得了如何将简单的生活过得充实和丰富。

怎样在现有的生活中学会安之若素，是每个成熟的人的必修课。也许黛莱达不会再像她在撒丁岛时期的作品里所反映出来的那样，对于未来的生活充满了漫无边际的幻想，她有意让作品和自己的现实生活保持着一定的距离。这也使得她的作品逐渐成熟，有了以前所没有的独立感和艺术化。

"如果我们拥有得太多、太杂，当真正有需要时，反而会毫无头绪。"她重新审视自己，审视这个家的需求。

首先，丢弃家中囤积的多余之物，只保留最常用的部分，通过慢慢舍弃对物质的依赖，她发现原来自己可以腾出许多时间陪孩子玩耍，而不是焦头烂额地奔忙在厨房，或是整日被无尽的垃圾催促着。

黛莱达开始有选择地参加从前热衷的各种活动，而不像从前那样因噎废食。

1904年，黛莱达在清空自己时，她发现自己就像一个敞得大大的口袋，已经吸纳了太多东西，却一直舍不得放下，盖住了最初的本心。

年少成名的她，一直不辍写作，因为这是她的存在意义，是她对这个世界的价值所在。毫无疑问，她热爱这项事业。可是十几年间，随着名气的增长，她常常觉得，有时自己在被人推着前进。人们期待她，她满足他们的愿望。

这成了黛莱达和人们之间的默契。

如果，她叫停呢？一个不再有作品问世的作家，能有多长的文学寿命？从前，她的作品一部接连一部，热热闹闹，每一年，读者都在期待那个文学里的撒丁岛又发生了什么事？如果它沉没了呢？……

黛莱达决定暂停写作。

这一年，她没有发表任何新作。她以照料孩子为理由，拒绝了许多约稿，甚至有意识地不去想写作的事，多年以来，她已经习惯了脑子好像永远放着打字机。黛莱达甚至在和朋友交谈时，尽量少谈论文学，这可是他们之间最多最大的话题。

她想知道，如果没有文学，我的生活将会如何？我的世界会发生什么变化？

当时她更多的是从自己的角度出发，为了自己以后能更精进而作出的决定，然而却引起了不小的震动，这也是她第一次真正感受到自己在意大利文坛的影响和地位。

起初，编辑们都以为她只是拒绝了自己的约稿。可是不久之后，在文学沙龙里，和黛莱达合作多年的编辑忍不住抱怨最近总也找不到她。于是，大家都随声附和起来，议论纷纷。

"生第一个孩子那会儿，她还写了个长篇呢！"

"对对，连评论都答应的。"

"这可不像她的作风。"

"该不会……"

"你是说她写不出来了？"

"瞎说，不可能。"

……

可是，随着时间慢慢过去，她还是坚持不接任何约稿。于是，"撒丁岛才女黛莱达江郎才尽"的传言在文学爱好者和朋友间越传越广。

其间，因为莫德桑尼的工作变动，他们搬了家。许多不知道消息的朋友上门询问，便扑了空。于是谣言四起，甚至有传言说黛莱达生了重病，已近弥留之际。

这惊动了著名文学评论家巴斯夸莱·维拉利，老人听到传言，十分惋惜，决定亲自见见黛莱达，希望能给她一些帮助。

他辗转询问到黛莱达的新居住址，便不辞辛劳地前去。当他看到黛莱达的家中装饰简单朴素，迎接他的女主人也身着自然随意的衣服时，还以为黛莱达家遭遇了什么打击。

在知道黛莱达的小小"阴谋"之后，他才意识到自己多虑了。而深居简出许久的黛莱达也才知道自己的"隐退"带来的轰动，连忙一一去信向朋友说明自己的想法。

可是，仍然有不少人将信将疑。

1905年，黛莱达用一本《人生游戏》让人们的怀疑很快消散。这部小说一改以往对道德的大是大非问题反复争论，而用豁朗的态度看待所谓命运——"没有人能说得清我们的行动有什么后果"。

3. 走近过去

离开撒丁岛5年，黛莱达的生活重心已经转移到了罗马。她有了新的交际圈子，认识了许多志趣相投的朋友，当时的许多文学家都和她有来往。嘉勃利埃莱·邓南遮、乔万尼·帕斯科利、创办了当时颇有影响力的哲学刊物《列奥纳多》的乔万尼·巴比尼、朱塞比·伯雷左利、法裔作家费立波·托马索·马利耐迪、依达洛·斯韦沃、路易其·皮蓝德娄等都和黛莱达建立了友谊。

他们的文学理念差异很大，甚至政治立场也是各有方向，但他们都愿意和黛莱达来往。

曾经有人说："当和黛拉交谈时，世界的吵闹都将远去。我又重新知道了自己是谁。在与其他人的交往中，真实的我是消极沉默的隐退的，是无法感知和确定的，久而久之，会忘了其存在。"

黛莱达从不参与外部的政治斗争，甚至在文学界，她也从不认为自己属于任何一个有既定定义的圈子。

她说："我只是我，是那个喜欢在撒丁岛的海滩散步的姑娘。但是我与海浪互不问候，我们只是自由来去。"

可是，她的家门永远向朋友们敞开，她并不高傲孤僻，也不十分热情。如果有文学青年向她求助，她总是尽力而为，但从来不指点他们的文学创作。多年以后，许多青年已经崭露头角后，都提到过黛莱达，甚至称她为自己的"文学教母"——润物无声的教导才能让人受益终生。

这些年轻人都有着自己独特的想法，他们虽然潦倒，但是自信满满，认为自己掌握的才是真理。在他们身上，黛莱达看到城市人的另一些可能性。

在金钱、权力等外在力量控制的世界里，仍然有不少人为了在他人看来是虚妄的理想，受尽嘲讽冷落。

这让她回想起收集传说的日子，想起了那个给她讲撒丁岛历史的老人。当时，老人远望着她，不停地诉说着。他紧紧地拽着黛莱达的手，生怕自己的灵魂又回到辽远的时空——那才是他的家，而他在这儿，只是为了等待黛莱达，等待这个同样属于过去的人。

她写信时对朋友说："我常常梦见那时的节日。牧民宰杀数百只羔羊，带来成堆的麦子；甜品、佳酿和一筐又一筐刚出炉的烤面包，是女人的杰作；男人一手拿着烤羊肉，陪伴着亲朋好友一醉方休，那香气在梦里都那么清晰诱人；孩子们跑着闹着，抢着撒丁岛特有的杏仁饼和薄煎饼，隆重的祭祀仪式，震耳的鼓声，漫天的焰火，互相的祝福，令人不想从梦里醒来……可是儿子呼唤妈妈的声音又在耳边响起。现在想来，离开撒丁岛时自己都还像个孩子，几年之间，撒丁岛的日子就已经离得那么远了……

虽然黛莱达的生活简单有序，而且克制，但她从来不对在普通人看来离经叛道的年轻人的生活方式表示出鄙夷厌烦——他们有的整日整日地坐在广场观察路人，有的不停地追求异性，有的甚至向黛莱达表达爱意。

在黛莱达看来，这是他们尝试在历史的、城市的割裂中找回自我的努力，或者是变相地求得关注和认同感。社会的变迁动荡，对年轻人而言是不安的地狱，也是自由的天堂。

黛莱达的洞察是敏锐的，她还认为如果不是他们的寻找和挣扎，艺术领域，甚至社会领域都只会像一潭死水，很快腐臭干涸。

黛莱达想起自己的撒丁岛，贫穷，原始，与世隔绝……

她越来越强烈地想要追寻过去。在写作《思乡》时，她翻看着自己更早写下的关于撒丁岛的作品，还有那些辛苦搜集而来的资料。撒丁岛能买到的纸张不好，十年未到，竟然已经开始泛黄，可是沧桑已经确切体验得到了。

她也知道，终有一天撒丁岛只会存在于自己的纸上，随着科技的发达、交通工具的改进，海上的风浪已经不会成为渡海人的威胁，飞机的安全性能也比从前提高了。也许……未来的一天，撒丁岛也会有飞机起落。

她想到，只有一床在地、一盆炉火的撒丁岛小屋，现在也许已经挂上了廉价的布料围帘。断裂已经在发生，但是她知道不能自私地要求撒丁岛永远都与世隔绝。人们或被动或主动地，必将被纳入时代的节奏中。

　　对于现代人而言，家乡意识可能越来越淡薄，心灵归宿感对于人的重要性不言而喻。所以，黛莱达通过这部《思乡》，不仅想留住自己的撒丁岛，也想唤醒人们对故乡的回望，为自己的心找一个依傍。

第七章 达到顶峰

1. 现代爱情之母

三十来岁的女人总是有一种徐娘半老的风韵。一天早晨，在镜子中端详自己的时候，黛莱达突然感到自己似乎不年轻了，眼角也出现了点皱纹。

然而，这样的思想也只是微微地掠过，瞬间也就消失了——人不会轻易就承认时间的痕迹，她仍然觉得自己还年轻着。她和其他妇人一样，依然关心着时尚，为着穿戴首饰而讨论，为着美丽的存在而喋喋不休，虽然这个时候的女人已经不需要光鲜亮丽的打扮来证明自己的魅力。她们完成了作为一个女人应该经历的一切，为人妻为人母，了解自己存在的价值。

她也时而参加一些节日的庆祝会；丈夫也会带她一起去外面看看热闹，她逐渐也认识了几位丈夫的朋友。

莫德桑尼总是非常提携那些有能力、有才干的年轻人，他对他手下一个新来的职员——奥利弗很照顾。因为刚刚开始工作不久，奥利弗又是初来乍到，所以没什么朋友。于是，莫德桑尼时常扶持他、关心他，常常邀请他到家里吃个便饭。日子长了，他便成了莫德桑尼家里的常客。黛莱达对于莫德桑尼常常带到家里的各地的朋友总是温文尔雅地接待，很少抱怨。特别是对这个从家乡来的年轻人，她显得非常友好。

这段时间，黛莱达正在创作她的新小说《现代爱情》。

爱情，一直是黛莱达思考的重要主题。

当她没有接触到现代城市文明时，她笔下的爱情多是原始的生物性的体现。比如《邪恶之路》中：最初，彼特罗也是被玛利亚姣好的面容、富有女性特质的肉体吸引，爱情总是与情欲如影随形。

不能否认人类产生道德观念对社会发展的重要意义，但是人类作为一种自然界生物，其进化速度明显滞后于人类思想发展的进程。

这两者的落差，直接把人类拴在了原始欲望和道德约束之间，痛苦即来自这两端的反向撕扯。这个本质，无论环境如何变化都是一样的。

在黛莱达看来，城市中的女人打扮、描摹妆容，男人展示自己各种能力的目的，和鸟儿展示漂亮的羽毛、挑选合适的交配对象的行为没有什么差别。也许爱欲本身和人类文明的修饰一点关系都没有，甚至和是否匹配也没关系，也许只是一瞬间人类本能的激发就会使人产生幻觉。

她看到了爱情的本质，是人类繁衍需要的异化。从某种程度上，她肯定因为欲望而生的爱情，同情为了得到这种纯粹的爱欲而付出痛苦代价的人们。所以，她在文学世界里为他们辩护，为他们寻找"赎罪"的出路。

《现代爱情》是她再次对爱情主题的探讨。城市爱情的附加物更多、更复杂：白天，人们很理智，在爱情面前斤斤计较，好像天平上等价的交换，和现实的利益脱不了关系。但是到了晚上，人们变得很疯狂，只有在晚上，人们好像才能变成地狱里的逃亡者，不断用瞬间的快感来填满什么的缺失，纵情声色的场所。

彼特罗和玛利亚之间爱的牵绊如此牢固。可是，如果只剩下欲望会怎么样呢？如果他们的故事发生在城市，又会如何呢？

而这期间发生的事，也让黛莱达有机会切身体验到这番内心的挣扎。

黛莱达对于奥利弗来说，似乎像一位女神，她优雅、高贵，对他也是照顾有加。在她面前，奥利弗总是像个小孩子一样显得不知所措、笨手笨脚，他越是想在黛莱达面前表现得成熟从容些，越是时常变得更窘迫。

不知道是什么原因，每次他去莫德桑尼家，总是感到很苦恼。

他对莫德桑尼很感激、很敬重，对小弗朗茨也很喜欢，但对于黛莱达，他不知道是什么感觉。首先，他觉得她不是姐姐——当黛莱达关心地询问他最近工作的时候，他觉得有点像母亲的感觉。但是，这显然是不对的——黛莱达依然有修长的身段，她还没有失去女人的诱惑力。他越是想弄清楚自己对黛莱达的感觉，就越是痛苦。他知道自己爱上了黛莱达——虽然他觉得不应该这样，但却无法摆脱这种苦恼。于是，他决定要走出这冒险的一步——他要写一封情书，悄悄地让小弗朗茨带给他的妈妈。或许他会因此失去莫德桑尼对自己的器重、黛莱达对自己的信赖，可是让他天天老这么困扰下去，他是绝不情愿的——他要赌一把。

黛莱达拿到信后，略惊愕了一下，微笑着说："他这个年纪应该有个好的舞伴了，这个小男孩。"

在黛莱达心里，奥利弗像他的弟弟一样，是令人喜爱的大男孩，还没有完全退去从撒丁岛带来的那股质朴的气息和羞涩，甚至有时候会觉得他和弗朗茨一样，是纯粹澄澈的孩子。

当然，她也知道，奥利弗毕竟是20岁的青年，他有他的欲望和对爱情的渴望。但是，在她看来，人是要学会救赎的，当情欲必然会带来悔罪时，我们只能及时地救赎自我。

她没有对奥利弗作出反应，而是在这个周末让莫德桑尼叫上奥利弗来家里做客。她把她这段时间写的小说《现代爱情》推荐给奥利弗看。

奥利弗虽然知道黛莱达是个作家，但还未读过她的小说。而《现代爱情》这部小说，正是黛莱达对城市中的"爱情"的思考。

她还给了奥利弗几本其他的小说。她说："奥利弗，这些小说就当作你下班后无聊时的消遣，我也要为我的小说做点推销呢。"

奥利弗从黛莱达的眼里看出了一点责备，同时也有一种安慰和鼓励。对于黛莱达的小说，奥利弗并没有多少心思去思考，他更关心的是黛莱达对自己感情的回应。然而，他看不出什么。

奥利弗的表白对于黛莱达来说，并没有引起什么感情风波，她也没有打算把这件事告诉莫德桑尼。她很平静地处理好平淡生活里偶尔泛起的涟漪。她相信自己有能力把这件事处理得很完满。一些时日过去了，奥利弗看了黛莱达的小说，知道自己太鲁莽了，也知道了黛莱达想要跟她说的话。黛莱达远不是自己所了解的那一部分，他现在还没有能力把握自己的感情，至少他并不能给黛莱达以真正的幸福，而理解是他从黛莱达身上学到的爱情的第一课。

对于奥利弗来说，他只有感激黛莱达的良苦用心和智慧。现在，他越是读着小说，越是敬重黛莱达——在他眼里，黛莱达和莫德桑尼都是值得敬重的长辈。

后来，奥利弗在工作上表现很好。可年轻人往往更想出去闯天下，后来他没有继续做普通职员，而是选择离开了罗马。在那以后，他一直都是黛莱达和莫德桑尼的好朋友。

当然了，对于黛莱达来说，奥利弗的求爱对她当然是有影响的。这件事情让她重新思考了下自我的生存状态。当她看到奥利弗的情书，她是高兴的，那是女人的虚荣心，是不服老的倔强心理，是对情欲冲动的本能的渴望。但是，黛莱达的理智告诉她，这不是她想追求的。

她同时也想了想丈夫莫德桑尼，两个人在一起的时间越来越长，似乎真的谁也离不开谁了，不是那种恋人的半糖主义，而是一种紧密联系、不离不弃的亲情。

2. 常青藤

在城市中，她的观察角度是向外扩展的，她看着身边既熟悉又陌生的城市中的人和事，拥挤忙碌。但是，她不知道拥挤的城市中，人们在忙碌着什么，他们好像只是为了忙碌而忙碌，他们在机械的时空里每天重复着一样的生活。她看到每个人眼神中的焦急忙碌，但那眼神却是空洞的，甚至是虚无的。

她在这些城市生活中找不到她所期待的意义，她越发觉得孤独。但是，孤独，不是孤单，她觉得这份孤独像是她独酿的陈坛老酒，芬芳四溢，珍藏在她的所有回忆和向往中。

"是的，我是属于过去的。"她对自己说。在她心中，那个美丽的、桃花源似的撒丁岛才是她所有情感、灵感、追求、信仰的源泉。她必须把自己的视角拉回去，她的精神信仰不是现在，也不是将来，而是过去。

于是，黛莱达在熙熙攘攘的闹市中，想念着清净可爱的撒丁岛。她的思绪像春天里的蝴蝶，在撒丁岛的一花一草上徘徊流连；她的思想像晴天里的阳光，光线照射到撒丁岛的每个可以找到的角落——无论是光亮的角落还是鲜为人知的黑暗的角落；她的思想像雨天的水滴，渗透到撒丁岛的每个可以流过的角落，由表及里，甚至扎进土壤深层，触摸到了那古老深沉的撒丁岛。

在1908年，黛莱达发表了小说《祖父》。小说里的祖父，是一个很矛盾的人物。小说采用了倒叙的手法，通过祖父的自我回忆，将撒丁岛的风土人情、风俗习惯都一一展现出来。祖父的叙述中，充满了深情、感慨、无奈，也有迷惑和悔恨。

然而，小说并不是一味地在否定，在小说的叙述下，在老人的长椅旁还坐着他的小孙子，孩子似懂非懂地听着这些陈年旧事，也许他并不知道这些故事的深刻含义，但是他感觉到了祖父的深情、无奈、悔恨——也许在多年之后会明白祖父为什么对他说这些事情。而这个孩子，也就成了小说最后寄托的新的希望。

同年，黛莱达孜孜不倦，她笔下的灵感像撒丁岛的山泉一样涓涓不息地流淌着，第二部小说《常青藤》继而发表。

常青藤，让人们想起撒丁岛里漫山遍野的绿色常青藤，绵延不息，不离不弃，它的花语是感化、救赎。

故事发生在撒丁岛一个牧民集居的小山村里。富贵的德凯尔基家的败家子帕乌鲁挥霍无度，终于使得家里债台高筑，最后只能把牧场抵押出去。婚后丧妻的帕乌鲁对牧场女仆安内莎产生了爱情。

但是，常年因患气喘病的祖阿大叔却因嫉恨，不能容忍这样的爱情，他不仅不愿赎回抵押的房产，还要求安内莎终日伺候在他身边。

安内莎非常痛苦，一边是炽热的爱情，一边却是牢牢的枷锁。最后，她在暴雨之夜用被子闷死了祖阿大叔。但是，安内莎抵不过良心的拷问：她逃到了山洞里，一再否认自己的罪行。

虽然逃脱了法律的惩罚，但是无休无止的良心拷问却像影子一样挥之不去。她决定离开德凯尔基家，离开心上人，以求得心灵上的安宁。

但是，德凯尔基家以及帕乌鲁少爷的生活状况却十分悲惨，最后她还是回到了德凯尔基家，开始她的救赎之路。

在这个故事中，祖阿大叔有着《祖父》里祖父晚年的样子，不依不饶地用陈规陋习控制着年轻的安内莎，但故事的重心显然是在安内莎的救赎之路上。

安内莎的爱情与悔罪是整个小说的主题，这也是黛莱达继《祖父》之后，更加深入地思考着灵与罪、爱情与悔罪这二元关系。这也是人类在上帝面前永远无法逃避的问题。黛莱达没有否定安内莎的爱情，也没有否定安内莎对于悔罪的救赎。黛莱达在处理爱情和悔罪方面走到了宗教的道路上。

而小说中，对于撒丁岛自然风光细腻而又富有深情的描写，对于撒丁岛婚庆风俗的描写，也是小说的精彩之处——这些都浸透着黛莱达对那片土地深沉的爱。

而题目《常青藤》更是寓意丰富、贯穿始终，常青藤的感化、救赎的话语，也许就是黛莱达在思考的问题。

《祖父》和《常青藤》两部小说在一年内出版，几乎是一气呵成，耗费了黛莱达好多精力和情感。

特别是在写《常青藤》的时候，她的安内莎的苦痛几乎也穿透着她自己的身心，仿佛她就是安内莎，体会到安内莎在山洞中苦苦追问、忏悔时的痛苦。她也禁不住问上帝：到底，我的救赎在哪里？

虽然和莫德桑尼的婚姻关系依然平静而甜蜜，但是她的疑问不会因为那次婚外情风波的消失而消失。在写作的一年，她深居简出，越到最后就越是几乎足不出户地写作。

外面的世界几乎和她毫无关系，她几乎沉浸在她回忆的撒丁岛中和虚构的故事中。

她会对着自己描述出来的美丽的撒丁岛花花草草欣然微笑，感动得热泪盈眶，她会因为故事中角色的痛苦而紧皱眉头、陷入思索，她会对故事人物命运的无常、无奈而迷惑不解。

这样写作的一年让她似乎有了点变化——丈夫莫德桑尼发现了。

莫德桑尼看着黛莱达为了写作而废寝忘食、日渐消瘦，十分担心她的健康状况；更重要的是，他觉得黛莱达的精神状况不好，似乎很敏感、很脆弱。他害怕的不是那些平常妇人对于丈夫的糊涂事情不依不饶，而是黛莱达已经完全沉浸在文学中不能自拔，对日常生活完全不理会而失去了作为女人、妻子、母亲的基本生活的愉悦。一旦这个家庭的平衡失去了，他的家庭生活就会再次出现危机。小弗朗茨和萨尔杜斯也在慢慢地长大，孩子需要在父母亲两个人完整的爱的关照下才能成长。

3. 远去的童年

生活如细水长流地进行着，黛莱达的重心依然在照顾孩子、做家务、写作之间。现在，她绝对是家庭生活的中心。

每个人来到人世间都带有上帝交给自己不同的使命。黛莱达已经知道上帝让她来到人世间就只有两件事：一是写作，二是照顾好家庭。

有一件事给黛莱达留下很深的影响：

一次，从撒丁岛传来一封告知母亲重病的信，黛莱达没有想很多就丢下丈夫和孩子匆匆回到撒丁岛看望独自生活的母亲。对于母亲，黛莱达感到深深的亏欠——她出嫁以后，没有肩负好照顾母亲的责任。

躺在床上的母亲还很虚弱,对于突然出现在面前的女儿,母亲的第一句话是:"你怎么就回来了呢?孩子们谁来照顾?"这更使黛莱达内心充满了无奈和辛酸。但是,既然已经来了,她决定要和母亲一起度过这段难得的相聚时光,直到母亲完全康复。

这一个多月的时间,她除了每星期寄一封信回家以外,没有把更多的心思放在罗马的家里。她时常和母亲散步在熟悉的乡间小道上,又一次温习了过去和父母在一起时的童年的回忆,这成为她开始构思《沙漠》的契机。

终于,在母亲一再的催促和自己的不舍中,黛莱达再一次离开母亲回到自己罗马的小家庭中,两个孩子早早就在路口企盼着她的身影。当小儿子萨尔杜斯看到她就扑在她裙角上放声大哭、大儿子抱怨爸爸做的菜不好吃时,她才完全意识到自己是家里精神上的支柱,罗马的家比撒丁岛更需要她,那个由父母和哥哥组成的家已经由自己孩子所组成的家所代替。她说不出心中的滋味,但是她明白没有做到对家庭的平衡。

《常青藤》出版之后,黛莱达已经更能在家务、家庭生活中得到乐趣。寻常生活的诗意无处不在,她还有意将这样的生活理念传达给丈夫和两个孩子。

小说《我们的主》在平淡生活中孕育生成。书中有值得人们深思的问题:主,是高高在上的吗?我们要去哪里寻找他?如果他是慈悲的,那为何要创造罪恶?

《临终》也在同一年出版——它和《祖父》有某种照应。

1910年,黛莱达仅仅39岁,不知道这对于一个作家来说,是不是意味着正是走向成熟之年。

然而,我们可以发现,从《常青藤》之后,黛莱达的小说开始有了较大的转变,情节发生的地方色彩就不那么强,我们可以窥见她的人生观和价值观越发的冷静、理智。

1911年，黛莱达完成《沙漠》的创作。《沙漠》这个题目已经不像之前《常青藤》，能以鲜活的意义来象征着整个小说的主题。沙漠更为广阔，但是会有更多的惊险、迷茫，凸显着人类社会越来越明显的一种荒原感。

自从奥利弗离开后，偶尔也会来几封信，问问她的好，问问弗朗茨的近况。

弗朗茨已经是12岁的小男生了，他甚至会透过窗台看着妈妈严肃而认真地伏案疾书，时而又停下暗暗思索，时而似乎又在祈祷。

在弗朗茨心里，妈妈似乎不仅仅是常常面带笑容地给他温暖的母亲。

只要妈妈进入书房，坐在桌前拿起笔，她就像换了个人，似乎不属于这个世界——她去了哪儿？她看到了什么？为什么爸爸不会这样？

她时常看着弗朗茨无忧无虑地玩耍，孩子无疑总是家庭生活欢乐的源泉。有时，她因为过于沉浸在写作状态，总有点神情恍惚不定，儿子爽朗的笑声，是让她回归现实的最佳方法。

周末，黛莱达一家会到广场散步玩耍。

广场上，住着许许多多的鸽子，小弗朗茨很喜欢它们，老喜欢去喂食。他最爱装成一棵树站在广场中央，让鸽子落满他伸直的胳膊，遮住他的小脑袋。

黛莱达美好的童年记忆中的撒丁岛，也总是鸟语花香。她热爱生命，有时也和儿子一样扮成树陪鸽子玩，享受着广场上白色纯净生灵的翅膀抚触。

黛莱达也像《祖父》中所写，像长辈一样对弗朗茨说着过去的事情。

黛莱达从《沙漠》中走出，又回到了那片曾经给了她无数美好回忆的撒丁岛。其实，在她心里，撒丁岛从未离开，已经深深地扎进她的灵魂深处。

只是，有了弗朗茨孩童的视角的提醒，她对于自己童年的记忆变得越来越清晰，要向着遗忘的过去前进了。

从广场回来后，她开始构思小说《鸽子与老鹰》。如果鸽子与老鹰之间发生缠斗，到底谁会赢呢？按常理来想当然是老鹰。可是黛莱达想起在撒丁岛的山顶教堂目睹的画面：一只小鸽子已经被强大的捕猎者追得走投无路，翅膀也受了伤，但一直没有放弃逃生的希望，它发出向同类求救的叫唤。这时，大群的鸽子归巢，它们团团围住雀鹰。最终，雀鹰在寡不敌众中放弃了小鸽子。

基于这样的回忆，在《鸽子与老鹰》里，黛莱达让读者看到了众人的力量。

在《鸽子与老鹰》之后，黛莱达又写了一系列的短篇小说，收集成短篇小说集《变迁》。

她的短篇小说有点像寓言，在短篇小说中塑造的一些动物的形象寓意深刻，充满了悲天悯人的人道主义关怀。人类的进步，很多是从动物的身上得到启示的，动物的习性在不经意间让人类回想起最基本的道理。

从题目"变迁"二字可见，因为变化带来的惶惑，甚至是对原有的传统文化的解构、颠覆，都会附带着沉重的疼痛。

在心里，黛莱达对于撒丁岛和城市的冲突（传统与现代的冲突），有着深沉的思索。

4. 《常青藤》开花

《鸽子与老鹰》出版后，黛莱达的生活在两个儿子的陪伴下依然平淡而欢乐。

丈夫莫德桑尼在财政部工作，部门有时会有些演出票的福利发给职员。这些票一般是给年轻人消遣用的，但丈夫偶尔也会要几张，拿回来给黛莱达——妻子整日忙于家务或者写作，深居简出，看看戏想来是很不错的。而且他知道，只要有这样的机会，黛莱达是不会拒绝的——他很清楚这是一种让她暂时从劳累的工作中脱离出来的好办法。

他还清楚地记得第一次带黛莱达看歌剧的那天晚上的情景：虽然黛莱达爱看那些戏剧的文本，可是在此之前她并没有看过歌剧表演，因此她兴奋得像个第一次郊游的小姑娘。莫德桑尼不能肯定黛莱达是否喜欢这种冗长的表演，因为在他看来，女高音的发声和唱词未免有点做作，很多次他都把它当作补觉的机会。

一开始，黛莱达就为罗马歌剧院富丽堂皇和恢弘气势所征服。

那天看的是常演不衰的《茶花女》，剧情早就烂熟于心，从帷幕一拉开，莫德桑尼注意到她的眼睛就再也没有离开过舞台。

黛莱达被这门艺术深深地吸引住了，那些精致的道具、跌宕起伏的情节，还有威尔第完美的旋律配合，演员的表情是那么的传神，动作是那么的精炼和到位，歌声浑然天成。

当剧情发展到阿尔芒看到玛格丽特重回巴黎过着以前荒唐的生活，在舞会上痛斥她背信弃义，玛格丽特想唱出事情的原委和内心的痛苦时，黛莱达双眼满含泪水，仿佛此时遭遇不幸的正是她。

对于歌剧这门艺术，第一次看它的人就会被它的高贵所吸引，要不就与它无缘。黛莱达和戏剧注定会结下不解之缘。

很多次在看完歌剧后的几天里，黛莱达还不断回味，她想：如果把我的小说也搬到舞台上，不知道会是什么效果？当时，奥利弗还在财政部工作，当然也经常去看戏，以后和黛莱达、莫德桑尼成为了朋友后，还陪过黛莱达去看戏。

奥利弗也时常说："如果能把您的小说也搬到舞台上演，一定很精彩。"黛莱达笑而不答。其实，她不是没有野心尝试把自己的小说改成歌剧，可是选用哪部小说好呢？而且自己的小说太细腻，在情节上不够戏剧化。她找到艺术界的好友帮她参考一下，最终朋友建议她，《常青藤》很适合改编为小型话剧。于是，把《常青藤》改编为戏剧的工作在慢慢地酝酿着。

将《常青藤》改成戏剧是一件痛并快乐的事情。在《常青藤》上，黛莱达花费了很多精力和情感；而重新改成戏剧，对于她而言，是对自己作品的重新阅读，也是对自己过去的重新审视，而这里的过去仅仅是几年前的事情。回忆本身是很微妙的事情，对于黛莱达来说，这次的回忆不仅是一种灵感的源泉，更成了一次她个人反思的契机。

她希望有合适的剧作家和她一起改编《常青藤》。凭着她在文艺界已有的影响力和号召力，很多剧作家自告奋勇。在接触了几位朋友推荐的人选后，她发现，他们有的擅长掌控大型演出，有的擅长歌剧，有的则是先锋剧作家，都不是适合表现这一主题的艺术形式，而且他们在对戏剧的理解上也与她有相当不同的见解。

一时间，改编的进程陷入僵局，直到她无意中闯进了特拉维尔西的剧目上演的话剧小剧场。

在这个剧场里，她看到了这样的情景：在简陋的舞台上，工作人员用简单的道具来构成象征性的空间区域，演员用细腻准确的表演让观众感知到角色的心理变化。

看到这些，黛莱达知道，这就是自己要寻找的伙伴。

演出结束后，她就忙不迭地闯进后台，打听这出剧的作者是谁。可是居然没有人知道，他们说这个小剧本是从别的话剧团得来的，是一出很经典的小话剧，虽然名气不大，但深得文艺人的喜爱。而且要演绎好这出剧，很考验演员的功底，所以常常被新剧团改编。至于原作者，却没有人记得了。

原以为踏破铁鞋无觅处，得来全不费工夫，谁知还是走进了死胡同。黛莱达有些丧气了。

可是，当她郁闷地走出剧场时，有人拦住她，问道："你是要找这出剧的作者？"

"没错，没错，您认识他？"

"正是在下，特拉维尔西，您好。"

"格拉齐娅·黛莱达，您好，可是……您怎么会在这？"

"偶尔看看自己的拙著被改编后的效果，倒也挺有趣。何况，最近没什么事可做。"他无奈地摊摊手。

"可是……"

"我懂您的意思，现在大家都喜欢大型剧，只写这样的剧本，饭都没得吃。"他自嘲道。

"艺术为欣赏它的人而存在，不是吗？"

"您说得没错。"

……

黛莱达向他提起自己想改编小说的意愿，特拉维尔西在看过《常青藤》的小说版本后，立即答应了。

于是在1912年，黛莱达与特拉维尔西合作完成改编自小说原著的剧本《常青藤》——这是一部三幕话剧。

剧本完成了。这次写剧本的经过也让黛莱达更多地了解了话剧这门艺术，看到了它虽不如歌剧的场面宏大，但通过对话的灵活编排，也有其自身的独特之处。

对一部剧作而言，有了剧本还不算开始，只有当它真正被舞台上的演员演绎出来、被观众接纳、能启迪更多人的时候，才意味着真正诞生了。

但是，它需要有合适的演出场地和资金支持，需要导演的精心布局、演员和角色的心灵相通……这些都是黛莱达之前没有考虑到的现实问题，她后悔自己当时太冲动了——只靠自己的精力和财力，根本不可能完成《常青藤》从小说到剧本再到上演的完整蜕变。

于是，她暂时搁置了这件事，慢慢等待时机的成熟。

自那以后，她就开始有意识地多接触戏剧人士，遇到对戏剧有热情的年轻人，也会格外注意。

她相信总有一天，这株根在撒丁岛、被自己以心血浇灌诞生的常青藤，会开出更沁人心脾的花朵，结出甘美的果实，奉献给众人。

5. 风中的芦苇

黛莱达从结婚以后就定居罗马，但她曾经多次回到撒丁岛——随着交通的改善，这已经不是什么难事了。

小时候，妈妈常常牵着他们兄妹几个，站在海边等待载着爸爸的航船归来。当木船的桅杆顶端在海平面上一点点露出来时，黛莱达总会发现妈妈脸上的表情终于轻松了些。特别是当天色有变化的迹象时，海边总会聚集着许多同样翘首以盼、守候亲眷到来的人。

黛莱达既爱海，同时也怕海。大海发怒时，即使躲藏在妈妈的怀抱里，也仍然会对波涛拍击的吼声、狂奔的海风有着深深的恐惧。这时，大海会吞没外出打渔的船只，会卷走岸边的一切。

不过，黛莱达最喜欢的，是爬到白鸽子山冈长满了淡青色芦苇丛的半山腰，在那儿可以看到山冈，也能看到宽阔的海面。风抚过时，芦苇会低下头轻轻地吻醒趴在地上迷迷糊糊睡着的她……那片朦胧的青纱帐里，笼着多少她的幻梦。

黛莱达每次回家探亲，都会一个人到高高的芦苇丛中，重温儿时的梦幻时光。

可是随着时间的流逝，芦苇越来越少了。

随着岛上外来人的增多，能利用的资源也变得紧张。很多人发现了这块偏僻的处女地，先是割掉芦苇编草席，后来干脆看中了这里肥沃的土地，放火烧了芦苇丛，种上了橄榄树和其他可以赚钱的作物。

当黛莱达爬上熟悉的小径，来到父亲的坟前，探望已经安息多年的父亲时，面前的景象一次次提醒她——撒丁岛在远去。那天晚上，她梦到了父亲，他还是去世那年的样子，父亲一遍一遍地问她以前家后面的那块芦苇地怎么不见了。她想告诉父亲"为了修一条阔马路被烧掉了"，可是喉咙里怎么也发不出声；父亲又说"我找不到回家的路"，说完就神伤地朝黑暗中走去，黛莱达急急地想抓住父亲，告诉他这几年发生的一切，可是已经来不及了……她从梦中惊出一身冷汗。

黛莱达必须正视撒丁岛的巨大变化。

在她离开撒丁岛的这几年里，不断的动乱与变迁都在深深地影响着这片土地，旧的经济、文明、道德遭逢了严重的危机。

尽管她想极力地远离战争、政治，但是她不得不面对战争、政治所带来的影响——即使是几乎与世隔绝的撒丁岛，也难免陷入历史变迁的漩涡中。

但是，黛莱达正如这"风中的芦苇"，即使外面狂风大作，她依然像芦苇一样不屈不挠。正如黛莱达自己所说的那样："现在到处都是仇恨、流血和痛苦。但是，这一切也许可以通过爱和善良加以征服。"

为了记录传统逝去的步伐，给远在另一个世界的父亲有个交代，她在1913年完成了小说《风中的芦苇》。

小说《风中的芦苇》主要叙述了一个庄园主家族的衰落史：

庄园主、长工艾菲克斯是整个庄园兴衰的见证者，从庄园豪富的黄金时代到最后的悲惨落寞，正是黛莱达对于父亲一代人白手起家、发家创业历史的审视。

另外一条主线是庄园里的三姐妹。庄园没落后，三位贵族小姐倚靠着像殉道者一样的艾菲克斯的艰难劳作来支撑生活。

三姐妹分别是露丝、艾丝苔尔和诺艾米。

三姐妹承受着无情、艰辛的生活煎熬，两位姐姐露丝和艾丝苔尔慢慢地习惯了这些清苦的生活，变得隐忍，甚至麻木、冷漠。

但是相反的，倒是最小的诺艾米依然保持着对生活的热情。

她并不愿像两位姐姐一样成为家族没落的殉葬品，而是仍然向往着梦幻般的生活，仍然对未来充满了各种憧憬。

诺艾米的外甥贾钦托作为"陌生的外乡人"，无意间闯进了这个死气沉沉的旧庄园。他的到来给诺艾米带来了希望。贾钦托不像三姐妹那样听天由命，也不像艾菲克斯那样安分守己，他向往着富裕、享受的生活，有着好逸恶劳的恶习。他经不住外部的诱惑而借高利贷，结果导致债台高筑，最后不得不再次离开。后来，他找到一份苦活儿，终于安心下来自食其力，和一位贫苦姑娘幸福地生活在一起。

然而，诺艾米却对贾钦托产生了微妙的感情，这种感情也许是一种爱情，也许只是贾钦托身上所有的一种敢于冲破桎梏的精神吸引了她。然而，诺艾米最后还是克制着自己的情感。

而当艾菲克斯发现了诺艾米对贾钦托的情感时，他自责不已——当年他为了帮助贾钦托的母亲，也就是诺艾米的妹妹出逃私奔，在野外杀死了诺艾米的父亲，而如今造成了各种混乱，他归结为是上帝对自己罪恶的惩罚。

在小说的第二部，艾菲克斯四处流浪，以求得到救赎。最后，他吃尽苦头，在奄奄一息的垂危时刻，挣扎着回到女主人身边。然而，长期的苦难折磨着这个苦命的殉道者，在死神来临之际，他得到的是灵与肉解放的甜蜜感；而诺艾米却将嫁给彼此之间没有爱情的高利贷者。艾菲克斯最后只能看着女主人含泪陷入无爱的婚姻中而无能为力地死去。

小说中的诺艾米是个悲剧性的人物，想要挣脱传统的桎梏，有着对于爱情欲求的信念，但是最后却不得不违背自己的意愿，痛苦地接受无爱的婚姻。从最初不愿做没落贵族的殉葬品到最后只能做其牺牲品，诺艾米正如风中的芦苇一样无可奈何，任凭命运的摆布。

对于黛莱达而言，她对于撒丁岛变化的感受是很复杂的。在她的作品中，不断地依靠着自己的回忆，以撒丁岛的风土人情为背景，演绎出许多故事。同样，在《风中的芦苇》中，黛莱达依然用细腻的笔触，描绘着温馨、亲切、美好的撒丁岛。

意大利著名文学史家、罗马大学教授萨佩尼奥这样评价道："黛莱达不是在叙述，而是在歌吟她的叙述事件。"然而在这些歌吟中，却隐含着黛莱达沉痛的思索：现代文明对于古老的撒丁岛的开化，究竟有什么意义？黛莱达似乎在思考着常与变的问题。

在对于常与变、传统与现代、旧与新等冲突的思考中，风中芦苇的意象有着特别的象征意义。芦苇在风中摇曳，既可以看做一种脆弱，可以看成一种控诉，同样也可以看成一种不屈不挠。

《风中的芦苇》是黛莱达最钟爱的一部作品。在经过自我反省之后写成的这部小说里，黛莱达把自我悔罪放在了一个殉道者艾菲克斯身上，然而即使是走在了自我救赎的艰辛路上，艾菲克斯在生命的最后一刻似乎仍然没有解脱——女主人的眼泪就是对他永久的束缚。

第八章　时光如镜

1. 不惑之思

《风中芦苇》可以说是黛莱达前半生写作的集大成之作。

这一年，她已经42岁，年过不惑，在城市中觅得一席之地，自认为也算看够了世间的喜怒哀乐、悲欢离合。可是，她对撒丁岛仍然有满腔的话想说。

书中人物关系、故事情节，相对于黛莱达的其他作品而言比较复杂，但是仍能从中看到她惯用的故事结构，比如不合道德的爱情、姑姑爱上了自己的外甥等。这样与血缘关系有关的不伦之爱，是黛莱达对爱情的终极发问：如果爱情超越了血缘这一最后的底线时，我们将何去何从？

可是细想之下，诺米艾对外甥的爱，是病态的，她在生活中长期受到约束，根本没有机会、没有意识去进行正常的社交活动，不能与更多的异性相处。面对一个有活力的年轻人时，如果她是个正常的女人，完全可以理解她的爱慕之情。

这也是黛莱达想让读者看到的：当道德被推向极点时，会发生什么？人性的火光被浇灭，那我们还剩下的是什么？

贾钦托是三个女人所形成的封闭的濒临绝境的人类小团体的闯入者。他是鲜活而富有生命力的，是个正常人。但是，他不仅有人一般性的优点，黛莱达还让他象征了人类最深重的两项恶习——贪婪、懒惰。

亚当和夏娃因为贪婪，禁不住诱惑，从此人类开始堕落；贾钦托也必须用一生来赎罪，但他最起码进入了正常的生活。

而诺米艾即使发现了自己的人性已经被贾钦托激发，也没有勇气、没有智慧走得更远。三姐妹中只有贾钦托的妈妈敢于坚持自我——她虽然不富裕，但是完成了身为人该走的路程。

黛莱达又一次让我们看到了她惊人的预见性——看看纳粹时期的德国、墨索里尼统治时期的意大利、军国主义时期的日本、"文革"时期的中国，不过就是诺米艾一家的影子罢了。

只有老长工，完成了对他人、对自己的救赎之旅。他其实是唯一的自由者，却选择了留下来照顾三姐妹的生活，如果没有他，她们很快就会贫穷而死；如果没有他，小妹妹的逃跑就不会成功……可以说，他是这个家庭的希望。

他苦心经营的小庄园，就像乌托邦，不仅是产出养活他们的食物的地方，也是照亮他心灵的最后一块净土。

这座小庄园对老长工的意义，就是撒丁岛对黛莱达的意义。可是，最后它被象征着现代文明和财富的财主侵占了。

由此看来，黛莱达的《风中芦苇》从这里开始，不仅是写给撒丁岛的书，而且是写给全人类的书。很多时候，我们都会觉得"越是民族的，就越是世界的"，小说的深度和宽度并不一定和它场面的铺成与经历的奇特成正比，一个小小的庄园的兴衰史足以震动整个世界。正是因为这些东西正是人类所共同思考的，因此真正的经典总是被人们一遍又一遍地咀嚼，在不同的年代唤起人们不同的思考和启示。

2. 沉淀

女人年过四十，生理上到了开始衰老的季节。但是，外表魅力的下降恰恰是内心成熟的标志。

黛莱达在经历了无忧无虑的童年、几经波折的爱情以及随后的生儿育女之后，两个儿子也都先后进入了少年时代，她不再是那种需要紧跟在孩子身旁的母亲了，更多的时候她只需静静地倾听他们讲。在收获了家庭的幸福之后，她开始将目光更多地转向自己，她很清楚，如果她不继续努力探索对世界的认识，等待她的将是笔触的渐渐枯萎。

在家庭生活中，黛莱达毫无疑问是一位贤妻良母，她对丈夫与孩子的爱和照顾从始至终都无微不至。40岁的女人再不需要在孤独与各种喧嚣的社交场合中徘徊——那种表面浮华的环境不适合一个心智成熟的女人，也不适合伟大心灵的孕育。

她有一个美丽的大水缸，青色的底上镶嵌着一树梅花，里面养着几尾红黑金鱼。每天早晨起来，她习惯先给金鱼喂食，看它们在水中自由地徜徉，有时候似乎一连几个小时也看不厌。在这些她一直珍爱的小动物身上，她似乎洞察到一种生命难得的情趣——它们以自己的形态向黛莱达展示着生命本来的样子，然后黛莱达就泡上一杯下午茶，独自坐在自己的书房里，开始一天的创作。

一直笔耕不辍的黛莱达，断断续续地依然有优秀的作品问世。作品不仅受到意大利读者的喜爱，许多文学评论家和作家也对其作品和对待文学的态度表示赞赏——她鲜明的以"撒丁岛"为特色的文学风格，很早就被意大利的学者所关注。

1913年，她因《风中芦苇》达到创作成就的一个制高点，这一作品的问世使几名意大利科学院的院士坚定了信心，他们决定联名推荐黛莱达给诺贝尔文学奖委员会，希望她可以提名当年的诺贝尔文学奖。

她从没想到写作会走到这一步，这个奖项也不是她所奢望过的——看到自己的作品被人喜爱、被人关注，她已经感到非常满足。而且，对她而言，没有这个奖项她依然会继续创作，因为文学是她热爱的事业，为撒丁岛的美写作、为人类写作，她觉得是上帝赐予她的荣耀。

她从来都淡薄于世俗名利，因为在她看来，一个作家获得太多的名誉并不是一件好事。

她还正考虑这突如其来的荣誉会不会将自己平静的生活打乱，因为在此之前，只有一位女作家——瑞典的拉格洛夫曾经在1909年戴上诺贝尔文学奖的桂冠。

一想到这点，她甚至有些厌烦，想要动笔给诺贝尔文学奖委员会写信，拒绝被提名。

可是孩子天真的问话，让她意识到自己思想的自私和狭隘。

"妈妈，为什么不愿意得奖？"

"这样，我就没时间陪你们玩了。"

"可是……会有更多的人会看你写的书。"

"……对。"

"如果您不愿意让人们看，为什么还要写出来呢？"

黛莱达突然醒悟自己文学创作的初衷，不就是为了让更多的人感受到自己眼中看到的撒丁岛之美，不就是为了让更多的人能够在读到自己的作品时心生一丝感悟，少去一些愤恨、痛苦吗？

虽然现在自己的作品已经得到不少人的喜好和肯定，但是世界上还有那么多的国家，那么多的人。如果借着诺贝尔奖的翅膀可以飞得更远，牺牲掉个人的宁静又有什么不可呢？这并不是她的自负，她从没有把自己的作品看得有多重要，但是不能就此否认掉一部作品本身。黛莱达觉得灵感有时候就像是上帝的指引，写作不过是神的代笔而已，所以她没有资格去控制一部作品的命运——作品出版以后就将它交给大众吧。

她认识到，自己笔下诞生了那么多为了他人的幸福而受苦的殉道者，而当真正的机会垂怜自己时，她却要假装清高脱俗地避开，那岂不是自己扇自己耳光？

她还想起自己文学之路的启蒙者，那个海边的画家朋友，想起他们在海边的时光，是他第一次为她打开了文学的大门，并带着她走了进去。从此，她就被这里美妙的景色吸引住了，流连忘返，再也不曾离开。

也许永远没有机会再遇到他，黛莱达甚至连他的相貌都记不得了，脑子只剩下一个模糊轮廓……如果是他知道自己作出这样一个愚蠢的决定，一定后悔当时教会了自己识字吧！

她又想起了母亲，开明的母亲，让她自由自在；想起了父亲，允许她去接受教育；想起了哥哥，指点她阅读了那么多经典好书，还偷偷给她介绍了老师……

观念转变后，她想自己也应该为此做点力所能及的事，于是她很积极地跟提名的几位院士取得联系，希望能有所帮助。

很快，她收到回信，信中说：如果能多些有话语权的人物推荐她，希望会更大。

可是，她天性不爱结交权贵，认识的朋友虽然遍布四处，但多是同她一样安贫乐道的艺术人士。想来想去，都找不出一个合适的人选。

丈夫提醒她道："听说邓南遮先生认识许多名人，要不向他打听打听？"

一直致力于扩大意大利文学影响的邓南遮知道此事后，十分支持，他想到了瑞典驻意大利的大使先生。

据他介绍，这位大使先生精通意大利文，热爱意大利文学，还时常向邓南遮感叹："如果诺贝尔文学奖能颁给去世的作家，我一定向他们推荐但丁，第二年推荐薄伽丘。"

黛莱达写了十分诚恳的信，向他说明了为什么自己要争取诺贝尔奖，并附上几部代表作品《邪恶之路》、《灰烬》、《风中芦苇》等。

大使的答复让她又惊又喜，原来他和几位提名黛莱达的院士都是朋友，早就听说了这件事。就在黛莱达去信前不久，他已经向诺贝尔奖委员会表明了自己对她的支持态度。

他还说自己很早就喜欢黛莱达的作品，特别是最近的《风中芦苇》可以称得上是一部岛屿的史诗。

时间飞快，1913年的诺贝尔文学奖得主公布了，如果黛莱达不是运气不佳碰上了这一年一个非常有力的竞争者，也许她现在会更为人所知——这一年的诺贝尔文学奖得主正是已经世界闻名的印度诗圣拉宾德拉纳特·泰戈尔。

3. 灵魂的导引

这一年黛莱达虽然与诺贝尔文学奖擦肩而过，多少有点失落，不过她也有意外的收获。在晚年的回忆中，她甚至认为这也许比获得诺贝尔文学奖更有意义，因为这段经历为她的人生打开了另一扇大门。

在那个年代，宗教生活依然是一种严肃的仪式，黛莱达思考得再多也还没有勇气将思维的触角伸向宗教这块神圣的领域，虽然在修道院目睹修女偷情的记忆多少有点触动她，但是她认为信仰应该和撒丁岛的习俗一样得到尊重。

每个星期，黛莱达和家人例行到附近的教堂做礼拜。在礼拜结束后，一位年纪看上去有五十来岁的嬷嬷请她留下来说几句话，于是她叫家人先回去。嬷嬷叫玛利亚，穿一身整洁的修女服，头发一丝不乱，其庄重的外表得到了黛莱达的好感。

她们来到教堂后面的小花园。玛利亚嬷嬷告诉她，她是罗赫尔修道院的校长，找黛莱达是想拜托她到修道院学校每个星期给学生讲一节课，主讲意大利文学，让学生可以拓宽眼界。黛莱达当然没有考虑过要走进讲堂，但是嬷嬷坚持说她看过黛莱达的很多书，知道她是个心底纯正的人，她可以将学生放心地交给她，希望她不要推辞。最后，黛莱达不得不说请给她一点时间考虑——她还要回去问问丈夫。

莫德桑尼很高兴听到妻子有新的事情可做。就这样，黛莱达马上努力地备课——虽然她有很多可以讲的内容，但是尝试给学生上第一堂课还是让她紧张不已。

罗赫尔修道院的建筑外部简洁雅致，同自然环境相和谐，内部装饰是巴洛克时期的华丽风格，修道院里一片宁静——在这个地方与修女们分享文学一定是一件快乐的事。

在和修女们的交流中，黛莱达发现，不管时代是多么剧烈的变迁，在这里的修女们依然恪守清规，有一些修女近乎将自己的一生都奉献在这里。这种精神让黛莱达非常感动。

学生里有个叫尤兰达的女孩，好像其他修女总是和她保持一定的距离，她也并不为此感到难堪。通过交流，黛莱达了解到了她以前的身世——这引起了黛莱达对于宗教的深入思考（这就是《浪子回头》和《偷来的女孩》两部小说的源头）。

原来，尤兰达以前也是一个普通家庭里的女孩子。在一次聚会上，她认识了一个深情健壮的小伙子。两个年轻人一见倾心本来是很正常的事，然而他们克制不住青春的骚动——在一个晚上，尤兰达将自己宝贵的处子之身献给了小伙子。不幸的是，小伙子在前往非洲的军船上丧生大海。尤兰达在痛不欲生中发现自己已经怀孕。于是，她来到修道院请求玛利亚嬷嬷的帮助——她已经无颜面对父母。

玛利亚嬷嬷无视其他修女的质疑，坚持让尤兰达留在修道院，并把孩子生下来。玛利亚嬷嬷的恩典和宽容让尤兰达找到了精神上的救赎。她告诉嬷嬷，她决定把一生都献给上帝。

黛莱达觉得这件事太像自己小说中的爱情情节了，所不同的是，她小说中的女主人公不是在绝望中走向死亡就是在痛苦和挣扎中忍辱负重地为生活而活下去——她没有想到信仰的救赎。

可是，尤兰达有什么错呢？她不正是为了追求幸福吗？她并没有错，如果列夫·托尔斯泰笔下的安娜没有扑向列车轨道，她也会走进修道院吗？在这里真的可以依托上帝得到救赎吗？

在剧本《恩典》中，黛莱达告诉人们，人类从来不曾被世俗的眼光和苦难所打败，真正能打败一个人的是他自己的精神，而真正能使一个人得到解脱的，是人们心中的那个上帝，他是爱和宽容的化身，他无处不在，他绝不只是圣像的样子，他在人类灵魂所向往的崇高的路上——只要你还在继续前进。

4. 话剧和青春的赞歌

1914年，是黛莱达相当忙碌的一段时期，她不仅要写作，还要料理家务。

最重要的是，经过这些年的努力和积累，她终于有机会把《常青藤》剧本真正搬上舞台，让它开花结果了。

这个机缘，开始于她和年轻的存在主义作家费代里科·托奇的结识。

在托奇刚来到罗马、得不到赏识的时候，是黛莱达帮助他找到第一份工作。之后几年，黛莱达和他几乎失去了联系。

直到1915年初的一天，黛莱达像往常一样，去阿根廷剧院看戏。正当她被台上的演出完全带领着心潮起伏时，突然听到有人在过道旁压低声音地叫唤自己的名字："格拉齐娅！是你吗？"

原来是托奇在叫她，当年那个游荡在罗马街道上的落魄青年，如今已是阿根廷剧院的一名助理。

黛莱达万没想到会在这里遇到这个年轻人，而且他真的没有辜负自己的希望。二人约定在这个周六到黛莱达家再见。

托奇其实早已听说过黛莱达有意将《常青藤》搬上舞台，在黛莱达说出自己的想法之后，他很激动，他表示愿意尽自己的力量和黛莱达一起完成《常青藤》的排演。

在托奇的引荐下，阿根廷剧院同意为他们提供排演的场地，但是其他的都要靠他们自己。

托奇反复仔细研究《常青藤》，他发现按照《常青藤》的特点，最让人感到头痛的是演员的挑选，特别是老人祖阿大叔，还有安内莎和帕内鲁的扮演者，直接关系到这出剧的成败。

黛莱达这几年的积累没有白费，他们很快就召集到许多热爱戏剧，而且很有才华、天分的年轻人加入了剧组。

这段日子里，黛莱达都跟他们待在一起，不知不觉被他们的青春热忱所感染。

撒丁岛上的年轻人很早就被生活拴住，受教育程度也不高，黛莱达的天资也让她在年轻的时候就早早地和同龄人之间有着不可言说的鸿沟，所以那时的她其实很孤寂——陪伴她的只有无尽的书本和寂静的山光海色。而这帮年轻人不同，他们性格各异、充满活力，各自怀着对未来的憧憬和理想从意大利的各个地方来到罗马，虽然一无所有，也遭受了许多挫折，但他们不会被生活打败，很快就可以从困难中爬起来。

《常青藤》中年轻的安内莎和帕乌鲁的扮演者很快就确定了，甚至还有B组演员。可是，祖阿大叔这样一个垂垂的老者，分量又如此的重，谁能担任得了呢？

正在大家觉得都陷入困局时，一个娃娃脸的小男生迅速进入黛莱达和托奇的视线，他穿着一身破破烂烂的衣衫，却充满自信。

他拍拍自己的胸脯说："我来试一试！"

虽然老人几乎不可能用真正的老年人躺在舞台上代替，但是黛莱达看着他充满稚气的脸庞，也无法想象他可以胜任这个角色，连一向果断的托奇也很迟疑。可是现在也没更好的选择，于是两人决定给他一个机会试演。

他告诉黛莱达："我相信自己可以胜任这个角色，因为我有切身体验：我爷爷就是这样的，他逼着全家人每时每刻都守着他。虽然那时我还小，可是我现在一闭眼，还是能想起他挥舞着枯瘦的手呼喊的恐怖场面。"

说着，他就地一躺表演了起来，虽然脸还是那张小男生的脸，可是脸上的神情却活脱脱的是一个返老还童的垂死之人！这下大家都叹服了。托奇也赞不绝口，他说，虽然这个年轻人还显得稚气未褪，但在化妆技术的帮助下一定可以以假乱真。

那段时间，黛莱达的家中总是收留着各色的年轻人。

除了忙着排练，所有的道具、布景，甚至演员服装都要自己动手制作。

黛莱达戏称自己是"很不错的保姆"，她每天在家为大家准备好饭菜带到阿根廷剧场，甚至连两个儿子都上阵帮妈妈干活。

这群年轻人的勤学苦练都被黛莱达看在眼里：没有高额的佣金，没有关注的眼光，他们却一直排练到深夜，最后只好睡在排练场里。可是，没有人有怨言，所有人都在感激黛莱达把他们从罗马的各个角落聚集在一起，更被她的温情和执著感动。

时间一天天地过去，首演的时刻到了。

舞台上，安内莎的爱情冲突、道德冲突在演员的表演下，被表现得淋漓尽致——特别是安内莎在山洞里独自忏悔祈祷的场面，她内心的彷徨、犹疑、忏悔、恐惧都表现出了人性的可贵。刚演到安内莎回到德凯尔基家开始救赎之路时，黛莱达早已热泪盈眶。

演出结束以后，黛莱达激动万分——这不仅仅是因为在第一场演出后剧场里响起雷鸣般持续的掌声，更重要的是，她在这次戏剧改编中重新体验了安内莎灵魂里虔诚的救赎之心。

1914年，第一次世界大战开始，战火席卷欧、亚、非三大洲，可是意大利的立场一直摇摆不定，国内局势一片混乱，人心惶惶。

这时的青年们，既担心战争波及国内，没有强大的军事力量做后盾，又抱有期望，想借战争获利的机会，提升国家的地位。但是，他们也认为战争给任何国家带来的都是巨大的灾难，对任何人而言都是惨剧。这种影响是潜移默化的，让他们的内心充满了挣扎和困惑，聚在一起时，争执总是难免的。

黛莱达在和他们相处时，常常成为他们倾听心声的对象，所以她了解了许多他们的苦恼。关于青春，关于欲望，关于灵魂，他们虽然已经准备好对这个世界敞开自己，可是似乎他们得到更多的是冷漠、打压和蔑视。难道这都是他们的过错吗？到底偏差出在哪里？

那段时间，黛莱达一直在思考青年人的生存状况和精神世界遭遇的冲击。

最后，她用小说《不是你的过错》给出了自己的回答。她认为，无论什么时代、什么环境下，在特定的青春时期，这就是人们必经的荆棘之路；可是，年轻人可以通过尝试各种方式，最后求得由内而外与这个世界的和解——和解不意味着随波逐流，年轻人的努力是为了找到合适自己的位置，在摸爬滚打的过程中坚持自己的道路，又要不断修正坐标去接近目的。

小说中的主人公在经历了与家庭的对抗后，独自走入社会，经历了许多坎坷，也曾经颓废、愤怒、绝望过，但最后终于找到了自己和世界的契合点。

5. 玛丽安娜·西尔卡

《常青藤》取得成功后，黛莱达在戏剧界声名鹊起，原本平静的生活波澜四起。

虽然凭着对戏剧的无私热爱，大家在艰苦的条件下完成了《常青藤》的剧目创作。但是这样的奇迹，是没有可复制性的。它只是一把钥匙、一扇门，在大家的努力下，徐徐展开，门后是更广阔也更艰辛未测的天地。

剧中主角的扮演者，收到了来自各大剧场的邀请，给他们许下丰厚的酬劳，当然更重要的是，真正的戏剧界在向他们张开怀抱。

可是大家都明白，这也许是攀向更高的阶梯，也可能是堕落的开始。多少名噪一时的名角因为无法坚持自我，被荣耀、掌声、财富冲昏头脑，从此一蹶不振。而其中暗藏的勾心斗角更是绊倒了不知多少初生的牛犊。

黛莱达并不挽留想要离开的人，她能做的只有尽可能地为他们提供帮助。

《常青藤》中饰演安内萨的女孩，无疑是最抢手的新星之一，她在和黛莱达商谈很久后，终于决定答应了一家不错的剧院的邀约，但是婉拒了几家更大更有名的剧场。

起初，这个姑娘当然是想选择最好的一家，黛莱达向她分析了其中的利害关系。在黛莱达看来，虽然靠着《常青藤》的东风，她得到垂青，但事实上，论表演水平，她根本比不上那些受过专业训练而且经验丰富的前辈。论处世经验，她性格温和，看人总是看到优点，从不与人相争，一下子被抛进那样各色人物混杂的大染缸，并无益处。与其如此，倒不如踏实行事，选择一家规模小的剧院。这样，她得到的重视和机会会更多，就有机会学到更多，也不会为太复杂的人际网络而伤神，是这个一心只想追求演艺高峰的孩子最佳的选择。

可是她的离开，也让剧团的保留剧目《常青藤》女主角的位置空缺出来。黛莱达又要为这一人选的甄别忙活上一段了。

最后她选中了一个从外形、气质感觉上都相当合意的女孩安娜。可是一开始排演，在台下的黛莱达总觉得她无法表达出安内莎对帕乌鲁强烈的爱意。即使她的表情动作都很到位，但最传神的部分却是缺失的。

多次尝试后，一向以鼓励为主的黛莱达也有点沉不住气了——她不明白为什么安娜总是无法体会安内莎的感情。

又是一次失败的尝试后，黛莱达心想："看来只好另找人选了。"正琢磨着，安娜怯怯地走到她面前说："您……看过《涅朵奇卡·涅茨万诺娃》吗？陀思妥耶夫斯基的，不太有名的小说。"

"是的，看过，很早以前。"黛莱达想起自己小时候就很喜欢的这部书，可是并不觉得这部书能对她的演出有什么帮助。

"您觉得那两个小女孩……的爱有罪吗？"安娜犹豫了好一会儿才开口道。

"哦！我觉得那可是世界上最纯洁、最浪漫的爱了。"黛莱达毫不犹豫地回答。

"可是如果是真的，我的意思是这样的事发生在现实中呢？"她追问道，脸色因为有点焦急都泛出了红晕。

"……"黛莱达被问住了。

她不明白安娜为什么会提出这样的问题，难道安娜会是……

"我还没有遇到过这样的事，可是在我的立场上而言，这不是有罪的，我想。"

原来，安娜真的是女同性恋者。小时候，她就有过像涅朵奇卡般的经历，小孩子间的爱恋还不被察觉。可是，当她渐渐长大，她发现自己对男性从来不会有感情上的需要，她偷偷爱上的是自己的好姐妹、好朋友。

这无疑让她非常痛苦，她觉得自己是个怪物，一定是犯了什么罪，上帝才会这样惩罚她。她自然不敢向任何人透露自己的性取向。很快到了该结婚的年龄，她也想过就这样一辈子痛苦地过下去。

可是，当想象和男人的身体接触时，她还是觉得无法忍受。于是，她逃跑了，来到罗马。

无依无靠的安娜饿晕在街头，也许是上天注定，她被一个酒馆女招待收留。这个女招待同样是因为不想屈从于传统而离家，宁愿在罗马的小酒店当招待，也不愿再回到富裕的家庭做小姐。她就是安娜现在的伴侣。

黛莱达这才明白为什么安娜完全表现不出男女之间的爱意，同时也被她的勇气震撼了。

这就是《玛丽安娜·西卡尔》的创作初衷，这本书也是黛莱达对《涅朵奇卡·涅茨万诺娃》致敬的作品。

她运用了象征主义的创造手法，营造了一个充满梦幻绮丽色彩的世界，保护着角色之间的爱，又掺杂着现实主义的哀怨、颓唐的色调。

可以看出，黛莱达是同情而且认可这样的感情的。但是，黛莱达也不得不提醒他们现实压力的存在——毕竟要这个社会也认可这样的爱情还有很长一段路要走。

6. 再回撒丁岛

经过一年的历练和磨合、人员的来去后，剧团在托奇的带领下总算走上正轨。黛莱达从繁忙中退身而出，打算好好休养生息一下。

当她停歇下来后，撒丁岛的精灵又开始召唤她。熟悉的河边，大戟花的芬芳在随风飘洒，仿佛传到了她鼻端；芦苇在月光下轻轻抖动着，发出窸窸窣窣的声响，是在想念那个常常交予它们纯真梦幻的小女孩吗？

丈夫也很久没有休假了，于是黛莱达和莫德桑尼商量好，待手头的工作告一段落，就带着全家人回撒丁岛去探亲。

还没等到他们动身，来自撒丁岛的一封信件却让黛莱达等不及了。

"……母亲病重……"哥哥的来信里还写了些什么，她已经不记得了。

黛莱达独自踏上了熟悉的土地，她深深地呼吸了一口岛上的空气。终于回来了，可是这次将面对的，是生病的母亲。想到这些，她的心情变得十分沉重。

匆匆赶回家，母亲半卧在床上，形容憔悴，但仍然脸带微笑地跟陪伴一旁的家人说着话，看到黛莱达，只是像从前那样问道："黛拉，回来了。"

黛莱达心头一紧，笑道："您看上去不错，我回来看看你们。"

可是死神在母亲身边周旋着，它对这位一生善良勤勉的老妇人纯洁的灵魂垂涎已久，就快要等不及了。

黛莱达整日守着妈妈，陪妈妈聊天。

说起黛莱达小时候的事，她们都记得那么清晰，就像发生在昨天……

黛莱达轻轻拉过妈妈枯槁的手。曾经柔软丰腴如最鲜嫩的羊脂的手，已经被时间、被生活榨干了。把脸埋进这抚养自己长大的手掌，黛莱达觉得自己又回到了儿时，眼泪无声地流下，淌过自己也已经被岁月刻下痕迹的脸颊。

"黛拉，不要伤心，我已经活得够久了。"妈妈淡淡地说。

撒丁岛女人的一生很简单，像草籽一样被播种，在花朵开放得最娇艳的时节被采摘，开始作为家庭的土壤的余生——死亡对于她们，或许是最终的解脱。

"你爸爸要是看见我现在这个老婆婆的样子，说不定都认不出来了。"

"妈妈一直都很漂亮，倒是我，你看，你看，全都是皱纹了。"

"时间真快。"

"……"

"给我念几首你以前写撒丁岛的诗吧。"

"好，我去取书。"

黛莱达推开爸爸书房的门，恍惚间仿佛看见自己小小的身影，困倦地趴在摊开的书本上睡着了，做了一个很长很长的梦……

醒来时，已是沧桑历尽。

"妈妈，您想听哪首？"

"妈妈……"

"妈妈……"

在等待一首同样属于她的撒丁岛的诗歌时，老人睡去了，开始做一个永远不必醒来的梦。

母亲微笑的脸庞在淡淡的阳光下是那么的沉寂，那么安详，让人不忍打扰。黛莱达眼含着泪水，微笑地摸摸母亲的头开口说道："那我就挑这首写撒丁岛春天的诗念给你听吧……"

母亲离开后，黛莱达总是会对着家中庭院里盛开的百里香发呆，那一片片白色、紫色、粉色的花，在微风中，在淡绿中，摇曳生姿，好似一双双顽皮的眼睛，眨巴眨巴地，似乎要告诉你什么。

透过这灵动的"眼睛精灵"，黛莱达好像看到了小时候的自己，躲在百里香丛中，与妈妈玩着捉迷藏，那种"妈妈找得到我吗"、"找得到"、"找不到"矛盾的小心思，妈妈"抓到你了……"的声音，还有与妈妈软语撒娇之中以及嬉笑打闹，都会让沉思中的黛莱达嘴角泛起点点的笑意，心中涌起了无尽的怀念。

而看着院子里，藤上新鲜的番茄，鲜红鲜红的，空气中似乎总会泛起橄榄油的香气，奶酪的浓郁味还有番茄酸酸甜甜的清新感……那是妈妈最拿手的番茄饼啊，而妈妈不在了，只余回忆，香甜却又残冷。

此时的黛莱达似乎能够体会到那一种物似人非的悲凉，虽知命运本就这般不可逆回，却还是不经意飘过"如果那时我能多……就好"的平凡念头。每思及此，又会不禁醒悟——只是念头罢了，嘴角的弧度便缓缓放平。

任何一个人无论多么的坚强，抑或是看透了一切，在面临亲人的离去时，也许都无法逃脱这个心理过程。

看多了在死亡面前狼狈挣扎的人，他们恐惧，他们把死亡看成一团无边的冰冷的黑暗。也许死亡对每个人显现的模样都是不同的。

就像同样的天空下，有人永远笑着，但也有人永远在哭泣。

这段时间的黛莱达总会想起《新约·约翰福音》中的一句话："生命在他里头，这生命就是人的光；光照在黑暗里，黑暗却不接受光。"

生命是永生战胜死亡获得真理的过程，那妈妈的离开无疑会在另一个世界里点亮另一片温馨与永恒，那么，死亡似乎也不再那么可怕了吧；而她在另一片天空下无论欢喜抑或悲伤，都是另一种开始吧。

有时候，黛莱达会有一点羡慕妈妈：妈妈像走进芬芳世界一样，终于等到了完全属于自己的时间。她似乎逃离了她今生主妇的忙碌，不再需要操心琐碎了，用另一个身份去感受另一片她无法用现在的自己去体验、去经历的天地。

妈妈只不过是离开了，在这个世界谢幕了。虽然她也为这份离开而伤心，但只要想到，有那么一天，自己也会悠然地鞠躬行礼，告别这个舞台，甚至可能与妈妈在那一片天地中相聚——以相同或不同的身份，她就会暗自庆幸，默默祈祷，感恩当下……

死亡，那个没有温度的词，在此时此刻它带走了妈妈，却没有带走希望。而爱在死者与生者之间架起了一座桥，用它的无限温暖源源不断地传递着力量，让黛莱达在这个实存世界里更具有勇气。

第九章　母亲和作家

1. 少年

年近50岁的黛莱达，在这知天命的年纪，感觉自己的生活变得越来越丰富而充实。两个儿子都长成了俊朗健康的少年，已经不再是整天需要照看的调皮小男孩。这让她从以前繁杂琐碎的家事中解放出来，把更多的精力放在了剧团、讲课、写作上。

弗朗茨十分优秀，他遗传了父亲开朗大方的性格和母亲的聪慧天资，在学校从来都是小小的"风云人物"。但是，由于受家庭环境的影响，他一直保持着谦虚平易的个性，并不以为自己有多了不起。

有时，黛莱达看着这小小的少年，总是回忆起自己年轻时代的天真烂漫，或者曾经经历过的感情旧事。她观察着弗朗茨的点滴变化，默默铭记在心——对于一个母亲而言，能陪伴、体验孩子的成长是最好不过的。

这段时间，平日里总爱跟她谈天的弗朗茨，突然变得有点沉默。黛莱达几次想问问儿子到底发生了什么事——她很清楚，这个阶段，他们正在经历对于自身而言十分重要的情感体验。

但是，她还是尊重儿子的选择，如果他不愿意告诉妈妈，那一定是有自己的想法。

最近自己也一直很忙碌，对他的关照也有所疏忽。于是，她很诚恳地向儿子说出自己的歉意。弗朗茨很大度地宽慰着妈妈，告诉她自己并没有一点怪罪妈妈的意思，只是自己最近确实遇到了些难事。

儿子的吞吞吐吐，使黛莱达想起了他最近的一些举动：

周末，弗朗茨时常带一些同学朋友来家里聚聚，男男女女都有。看着这些孩子煞有介事地正经交谈着，黛莱达不禁暗笑——原来他们是这样习得成人世界的规则的。

次数多了，黛莱达注意到，在这些朋友中，有个女孩儿比其他姑娘要显眼得多，而且几乎每次都会出现。这是个很有教养的漂亮女孩。她和弗朗茨常常不经意间有默契的眼神交流。黛莱达看在眼里，心神领会——自家的小男孩如今已经开始初尝情愫了……

此刻，黛莱达知道儿子信任自己，似乎还希望从母亲这儿解决些困惑。

她不经意地问道："是常来家里玩的那个女孩吗？我可挺喜欢她呢。"

弗朗茨最后还是决定和母亲道出心声：

女孩儿叫罗斯，是他的同学，也是十分优秀的姑娘，他们是很要好的朋友。弗朗茨和她彼此都很欣赏对方的能力和品行。

弗朗茨觉得自己很喜欢她，面对她时，总有和其他女孩在一起没有的、说不清道不明的感觉。看到她和别的男生说笑，心里就觉得很气愤，恨不得冲过去把他们分得远远的。他总是不自觉地想起女孩的一笑一颦——每当此时，他会感到满心的欢愉，可是一想到有一天如果这笑容不会再对他绽放，心情又从云端跌到谷底，沮丧不已。但是，他不知道这算不算爱情。

他对母亲说："妈妈，你爱爸爸吗？"

"我们两个人谁都离不开谁了。"

"您能说出您和爸爸是怎么相爱的吗？"

"有时候，爱不一定要说出缘由的，就是那一瞬间。"

黛莱达向他诉说了她和丈夫相识相恋的故事，又把自己从前的感情经历一一告诉了儿子，并说出了自己对一见钟情的看法，希望能给他一些启迪。

"可是，妈妈，我……"弗朗茨顿了顿，有点迟疑地说，"我喜欢上罗斯了，我爱她的美貌，她婀娜多姿的身材，甚至在梦里……我……会想占有她。妈妈，这又不是爱，我不能以这样的缘由去爱一个人，出于欲望。对吗？"

"被异性吸引，这是人的本性，并没有什么可耻的。不必为了自己正常的人性感到不安。但是我们要记住的是，不能被欲望占据头脑，作出伤害之事。"

"嗯……我明白。"

"爱不仅是本能的要求，还是责任和负担，就像我和你爸爸一样，我们有过分离，犯过错，但还是走在一起。爱的境界是会升华的。这需要你自己去体会了。"

"嗯……"

2. 成长的烦恼

黛莱达意识到，虽然两个儿子已经开始走自己的道路，但是母亲的指引还是至关重要的。她决定还是先把重心放回两个儿子身上，于是她暂停了去教堂讲课的工作。

黛莱达的小儿子萨卡杜斯就读于罗马中学，就像所有这一时期的少年，他们正在经历青春期的变化，感受着无名的躁动，却找不到缘由，也看不到出口。

他们怀疑着生活，对一切感到无所期待，叛逆期的孩子总是对这个世界有太多的迷惘和疑问，像无数吵闹的小妖精，在他脑中蹦来跳去，叽叽喳喳，即使他不想听、不愿想，也无处可避。

萨卡渐渐地变得无心学习。他的退步和低迷，惹得从前对他关爱有加的老师也对他失去了期望。

黛莱达在那段时间正忙于剧团的事务，忽视了萨卡的变化。

这个敏感的孩子，明显地感觉到母亲无意中对自己的冷落。相比之下，他觉得妈妈对弗朗茨的事总是很上心。这让他更难过了，觉得自己已经不被这个家所接受。他恨恨地想，那我就远走天涯，让你们永远也见不到我！

不过在潜意识里，萨卡是想通过这样的方式来换得母亲的关心。于是，他去剧团找到正忙着的黛莱达，说有一个重要的决定要告诉她，她答应今天晚上一定准时回家，并为自己最近没有时间好好照顾、陪伴孩子们而抱歉。

萨卡很郑重地告诉母亲，他思考了很久，现在已经想清楚了，他现在不想读书，原因是他觉得读书不是他想要了解世界的最好的途径，他想出海做一名海员，他告诉妈妈，自己最喜欢的小说是麦克维尔的《白鲸》，他向往海上的生活——刺激、充满未知的危险，一定能见识到许多坐在漂亮干净的教室、对着无聊的书本学不到的东西。

直到这时，黛莱达才意识到，这个总爱围着自己叫"妈妈，妈妈"的小家伙，已经在成长，而且不知不觉地想要探寻属于自己的天地了。

黛莱达没有立即作出答应，她知道责备打骂都是没有用的，如果一味地强硬干涉和反对，不仅不能让儿子回心转意，还会伤害家庭的感情。

萨卡现在也站在一个人生的重要路口，他隐约感觉到方向，却仍然心神未定，其实他向妈妈说出这番话时，心里也直打鼓——他不确定自己能否受得了当海员的苦累，更别提面对神秘无常的大海上可能发生的一切。

黛莱达答应儿子，明天如果不想上学就不去了，但他最好待在家里。

次日晚些时候，黛莱达让萨卡收拾些衣物用品后，跟她一起走。原来，黛莱达将事情告诉了莫德桑尼，让他找一艘可靠的船。黛莱达要让儿子亲身体验一下船上的生活。莫德桑尼起初怎么也不答应，他担心孩子吃不消。可是，黛莱达坚持把自己的想法向丈夫一一道来。

最后，她说："我们都有找不到自己位置的时候，只有亲自去做了，才有可能明白，不是吗？"

莫德桑尼也同意这一观点。他找到合适的船只后，立即通知了黛莱达。

就这样，萨卡第一次独自离开家登上了他梦寐已久的甲板。

可是，船上的生活并不像他所想的那样有诗意——他真正体会到了生活的艰辛，更意识到现在的自己无论是身体的力量还是头脑的智慧都很欠缺，他要学习的东西还有很多，只有学校才是目前最适合他的环境。

不久后，他向船长大伯告别，背着小小行囊上岸回家了。

"妈妈，我回来了！"

"你长高了，萨卡。"

"谢谢你，妈妈，我爱你。"

萨卡紧紧地拥抱着母亲——只有这样才能表达他对黛莱达的感激和爱。

3. 《母亲》

剧团发展十分顺利，越来越多的人被吸纳进来。黛莱达觉得这几年的进步很迅速，他们可以胜任更大规模、更有艺术高度的剧作了。

她着手创作新的剧本。可是，黛莱达此前还没有用创作过如此含量的剧作，经过一段时间的尝试后，她在重新审视自己的稿件时，发现虽然内容增加、时间拉长，但是似乎还只是自己擅长的小型剧目的叠加和重复，并没用新的突破。这一工作就慢慢被搁置，黛莱达已经清楚，当自己积累不够、时机尚未成熟时，强迫它生长的果实是不会被人喜爱的。

黛莱达的人生轨迹似乎像是一个圆圈，她有着极大的热情对外扩展，关照着外部世界的丰富，但是她也有着撒丁岛那片土地赋予她的坦率质朴的性情，她始终保持着个人独醒的冷静和理智。

于是，这段时间她又回到自己的原点，转个圈，黛莱达还是原来的黛莱达。

可是，黛莱达并没有完全放松，她心里早就酝酿着许多新的想法。于是，《浪子回头》和《偷来的女孩》终于脱胎而出。在这两本书中，黛莱达越来越明显地表现出注重人物复杂心理描写的写作风格。

而这一特点在此后黛莱达的佳作——《母亲》、《孤寂人的秘密》等书中均有所表现。

1919年，黛莱达在《时代》杂志上刊载了她的小说新作《母亲》。

《母亲》讲述的是关于保罗与母亲之间的矛盾冲突。作为神父的保罗本来勤勤恳恳，对主虔诚而忠心，母亲引以为自己的骄傲。

但是，在无意中，她竟然发现保罗偷偷地在和一个年轻的寡妇幽会。母亲十分恐惧。她为儿子担心，决定要拯救他，让他从肉欲的诱惑中解脱出来。

最后，母亲失败了，她因为自己内心的恐惧而死，而保罗也深陷痛苦之中。

保罗无法摆脱对宗教的依靠，但是又不能放弃对于平常男女生活的爱。他企图在灵与肉、情感与理智、人性与神性中找到平衡点，甚至是二者的结合点。但是，这何其困难，面对这永远无法解决的矛盾，得到的通常只有痛苦无助的纠缠。

在《母亲》这本小说中，黛莱达用细腻的笔法挖掘人物心灵，通过大量的回忆、想象、梦境、幻觉、心灵对话以及内心独白等多种手法，从不同侧面、不同角度、不同层次描写了人物的内心活动。

就在这些细致入微的心理描写中，黛莱达把母亲内心对儿子的复杂感情交织在一起，使得母亲这个形象十分感人，有时又让人觉得不寒而栗。

母亲的挣扎、努力，最后只能以失败告终，在一个侧面展现了人性之欲念是不可摧毁的。

痛苦惶惑的母亲还只是旁观者的恐惧，也许未真正触及她的灵魂最深处，但是对于保罗来说，这种痛苦挣扎要深刻尖锐得多。

保罗作为神父，深知神圣的教义以及违背教义所带来的严重后果。但是，面对母亲的挽回，面对上帝的指示，他仍然无法摆脱情欲的挣扎。

无论是母亲还是保罗，都在面对着人类两极的选择——矛盾的两极，只要任选一方，就会背离另一方。而在二者的对立矛盾中，人物的选择就显得尤为痛苦，这是人类内心的搏斗，也是在人类文明中不可调和的矛盾。

在小说里，黛莱达没有否定保罗的情欲，也没有否定保罗和母亲对于上帝的虔诚以及对于教义的敬畏，她只是在表现人类矛盾的两极。

她抛给读者一个问题：如果是你，你的选择是什么呢?

撇开《母亲》的宗教外衣，黛莱达最想表达的，还是人与人之间情感世界的问题。

亲情可以是我们最值得依偎的襁褓，但也是最容易扼死人之真我的绳索。宗教只是保罗母亲变态的爱的工具，宗教本身并没有过错，只是被人利用——在亲情的借口下，发生过无数的悲剧，保罗和埃里卡只是他们的一个缩影。

第十章　高处不胜寒

1. 人群中的孤独

《母亲》在《时代》杂志上陆续发表，引起了很大的反响。黛莱达在《时代》杂志的读者群中影响越来越大，出版社便请黛莱达再创作一些有趣的故事。

黛莱达写完《母亲》后，正想放松一下。于是，应出版社的要求，黛莱达开始写轻松愉快的故事，让自己轻松一下，也让喜爱她的读者能够感受到她轻松坦然的一面。

在接下来时间里，黛莱达抱着很轻松的态度开始构思《狐朋狗友》。

自然，她想到的是自己最熟悉的家人与朋友之间的趣事。

莫德桑尼时常会邀请朋友到家里做客，轻松地聊天，开着各种玩笑，这些朋友各有各的特质，他们待在一起时，总是会出现许多趣事。

同时，在她自己的朋友圈中，也有许多极有个性的文学家、艺术家，更何况还有剧团里那群年轻人。

黛莱达想着他们的趣闻轶事，对着稿纸常常忍俊不禁。

《狐朋狗友》大致分为两个部分：前半部分，以喜剧的幽默诙谐，让人轻松一笑；但是后半部分，基调慢慢转变，这些每天吃喝玩乐的朋友背后，每个人只是落寞孤寂地面对自我，他们有的空虚无助，有的也思索着人生问题，有的干脆逃避面临的问题……各种人呈现出不同的人生样态。

在这部小说中，人物很多，似乎没有一个主要人物。黛莱达呈现出的是不同人物的群戏，内容十分丰富。

读者可以从各个人物中找到自己活着的样式，看得到周围人在其中的透射。

在《狐朋狗友》陆续登出的一段时间里，人们纷纷猜测和臆想着各个人物对应的原型。

和黛莱达的其他作品相比，《狐朋狗友》文笔随性得多，有的人会觉得比较粗糙——毕竟黛莱达最擅长的就是精致纤细的文风，风格上的变化让她招到一些批判。

但是，黛莱达对此毫不在意。没有任何一个人只有固定的一面，如果连喜爱的作家的多样和丰富都无法接受，又怎么称得上一个成熟的阅读者呢?

《狐朋狗友》的写作，对于黛莱达来说也是准备下一部佳作的缓冲。

这本书，也让黛莱达体会到另外一种文学与生活交融的乐趣。她常常和丈夫、儿子、朋友一起讨论书中的这个人物该怎么写、那个人物会有什么表现。这样，她第一次因为文学、因为自己的小说，能够和大家一起分享似乎遗忘已久的快乐时光。

细细回味，我们可以注意到，在《狐朋狗友》中，有个人物有些与众不同：他是一个生活态度严肃认真的人，同时对别人的态度也是质朴坦率的。在群体里，他可以应付自如，但还是有些拘谨，不如其他人那么轻松自在。

当回到家里，面对着空空的屋子，他便开始忍不住去思索深刻的人生的对立冲突、矛盾抉择问题。但是，对他的描写并没有十分深入地挖掘下去。

这是黛莱达有所保留——她是在为《孤独人的秘密》的主人公的叙写练笔。

《孤独人的秘密》便是以《狐朋狗友》中一个不起眼的人物为基础创作出来的，它是黛莱达晚期创作中的一部重要作品。

小说写的是孤身住在海边荒滩上的男主人克利斯基诺在和寡妇结婚前，把自己的秘密对未婚妻坦白了。克里斯基诺的秘密深藏了许多年，是对未婚妻情感的隐瞒，是对自己良心的隐瞒，也是对神圣的上帝的隐瞒；心里的秘密像影子一样，跟随着克里斯基诺的前前后后，使他无法摆脱这些怀疑、恐惧、困惑。

未婚妻的出现，像温暖的阳光，照亮了克利斯基诺充满阴霾的内心。但是，随着对未婚妻的感情越来越深，他对自己产生了怀疑，悔罪的阴霾慢慢地吞噬着爱情所带来的光明。

面对善良可爱的未婚妻，他越来越痛苦，痛苦于自己的忏悔、恐惧，痛苦于自己的爱情。终于，婚期越来越近，克利斯基诺祈求上帝给予指引，终于在结婚前鼓起勇气把秘密对未婚妻坦白了。

克利斯基诺最后得到了救赎：根据上帝的指引，凭着上帝给予的勇气，他勇敢地决定悔罪，并得到了宽恕。

小说尽力渲染他的孤单寂寞，以此表明他对人生、对他人和对社会的恐惧与逃避，写出了现代人的生存困境和他们被扭曲的心灵。

在小说中，黛莱达用了一个海边荒滩的环境来衬托克利斯基诺的孤独与恐惧，克利斯基诺在孤独中，不断地拷问自我。黛莱达用深刻细腻的心理描写，把这种近乎人格分裂的扭曲状淋漓尽致地表现出来。

海边荒滩这个意象似乎显得格外凄凉、悲观，同之前的《常青藤》等作品不同，不仅故事的情节性弱化了，小说在思想的思索上、在人物心理的刻画上显得更为细致入理，同时荒滩也与美丽的撒丁岛环境有了很大的不同。这也许是因为，经历过世间沧桑之后，她内心的追寻与思索变得更为抽象化。

同年，经过多年的酝酿和等待，她和年轻剧作家瓜斯塔拉和米凯蒂合著的剧本《恩典》也终于完成。

在剧本《恩典》中，黛莱达试图告诉我们：人类从来不曾被世俗的眼光和苦难所打败，真正能打败一个人的是他自己的精神；而真正能使一个人得到解脱的是人们心中的那个上帝——他是爱和宽容的化身，他无处不在，他绝不只是圣像的样子，他在人类灵魂所向往的崇高的路上。

这正如诺贝尔文学奖致贺词中所写到的那样："对于您来说，道路宽广。您已经看见了那路标，而许多人却视而不见。……为此，您尽管看到了人的许多弱点，却仍然相信人的再生。"

2. 盛名之累

戏剧《恩典》再一次获得成功，比《常青藤》有过之而无不及。黛莱达平静的生活又一次被打破了。现在，她不仅只是写专栏和小说，还往来于喧闹的剧院和层出不穷的访问、邀请之间，她听到了太多的掌声、赞誉声，甚至有段时间，她因为不停地忙碌于改进剧本而根本没有时间构思新的小说。

直到有一天，她回到家里，突然觉得异常的疲惫厌烦：在喧闹的掌声欢呼中，她得到了什么，人们想得到的又是什么呢？

恩典，当然是黛莱达认为的上帝的仁慈。在黛莱达的生活、艺术写作中，上帝一直是她精神的皈依之处。

在《恩典》创作初期，黛莱达着重表现的仍然是她最擅长的人物内心世界，但是在瓜斯塔拉和米凯蒂的建议下，她还是为舞台艺术的表现作出了让步，突出了情节的冲突和波折。

现在，黛莱达感到不自由，她发现自己已经被束缚住了——不是戏剧束缚了她行动的自由、思想的自由，而是她自己在束缚自己。她的生活还能回到从前那样的从容自得吗？还是从此忙乱而浮躁？

黛莱达想到，在多年的城市生活中，她在不经意间，已经被锻造成了从前她所不理解的奔波劳碌的城市人。她决定改变。

于是，家中安静的书房里又有了她的身影。她谢绝了许多戏剧改编工作，重心重新回到真正的自在的文学写作中。

在此期间，她开始构思下一部作品——《活人的上帝》。

爱情、肉欲和悔罪的冲突，始终是黛莱达写作的主题。黛莱达简朴平淡的生活已经没有什么波澜。就是在这种平淡如水的生活中，她冷静地观察着周围人们的苦痛与快乐，理智地思考着灵与肉的冲突。

晚年的黛莱达，生活越是简朴，对于宗教就越是靠近。这几年，她每周都去教堂做祷告，寻求精神的安宁与启示。

在黛莱达的笔下，上帝不再是虚无缥缈的存在，而是一种普遍存在于人间的实在。小说好像要通过上帝的受难、救赎，表现上帝的悲壮性与崇高性，甚而达到一种理想主义的境地。

当然，在黛莱达后期的小说作品中，情节性越来越被弱化，更多的是黛莱达个人对于上帝、宗教、救赎、悔罪的思考。小说不仅有吸引人的故事情节，它丰富的思想性也成为了黛莱达这个时期作品的特色。

《活人的上帝》可以说是黛莱达对于上帝的自我理解，以及尝试着同上帝对话。在黛莱达看来，上帝为人类的幸福受尽磨难，而人类为了自身的幸福同样必须经历所有的苦难，上帝同人类一样，需要磨炼，需要理智，需要克制，需要救赎与忏悔。黛莱达并没有把上帝绝对精神化，而是从人类个体的幸福出发，在宗教角度上深刻地探索了人类在面对各种精神困惑时，应如何依靠上帝来拯救自我。

可以说，《活人的上帝》更像是黛莱达精神自传，里面有黛莱达个人的各种思考。这部小说，是黛莱达把自己深邃的思想集中思考（类似于自我精神反思）的杰作。她消耗了黛莱达很大的精力——从《活人的上帝》这部小说之后，黛莱达遇到了难得一见的创造瓶颈期。

只要一有空闲，她就不停地构思，但是越是拼命想，就越是毫无头绪——这使她无数次地撕掉自己写的稿子。

黛莱达疲倦极了，她晚上做梦，梦境很美——茂林修竹，草长莺飞，鸟语花香……撒丁岛不断地出现在她的梦境中。她的灵感源泉永远是撒丁岛，不管她在哪里，她写什么，撒丁岛总能带她回到起点。黛莱达开始酝酿以撒丁岛为背景的小说。这一系列以撒丁岛为背景的小说最后结集为我们今天看到的《森林中的笛声》小说集。

《森林中的笛声》小说集收入了各种风格的短篇小说。这些短篇小说的灵感都是黛莱达无意中发现灵光一闪的成果：有时是在教堂虔心祷告、唱着神圣的教歌时，上帝的形象感动着黛莱达；有时是在做家务的间歇时间，她在家里的花园散步，会突然想起从前在撒丁岛和父母亲、兄弟姐妹一起嬉戏玩耍的场景；有时是突然听到邻居家哪里又响起了什么音乐声，她会随着这些乐声曲想开去……

黛莱达时常会和小儿子一起聊天，跟儿子说说撒丁岛的故事。她很高兴小儿子会喜欢她的故事。她开始把自己的小说和亲人一同分享。每天晚上，等把家务做好后，她把几篇短篇小说耐心地读给儿子听。这似乎又成了黛莱达另一种表达方式。在读自己的小说时就像和自己对话，字字句句的表达都是经过自己的深思熟虑，而再把这些话语从自己口中读出来，却又成了自己的一种自我反思。

3. 上帝的指引

《森林中的笛声》像一曲充满哲思的牧歌，歌声悠扬，意蕴深远，令人陶醉。黛莱达一如既往，唱完一曲《森林中的笛声》后，创作灵感如泉喷涌，开始更为充满激情地创作《项链舞蹈》。

《项链舞蹈》这部小说，风格依旧，带着撒丁岛特有的风土人情，但是在撒丁岛的美丽之下更有了一种灵动之美。从小说的题目就可以看出，黛莱达突出了"舞蹈"二字。

《项链舞蹈》的主人公是一个撒丁岛姑娘——爱丽丝。爱丽丝出生在一个较为富裕的家庭。由于受到撒丁岛美丽的自然风光以及淳朴简单的民风的熏陶，爱丽丝从小就表现出敏锐的观察力和极强的表现力。再加上有比较好的家庭条件，她受到了比其他女孩更好的教育。后来，在家庭的熏陶下，她开始学习舞蹈。

黛莱达在描写爱丽丝的童年时，并没有着重于剧情的发展，而是从女孩的心理活动出发，细腻地刻画了一个小女孩儿敏感的心以及在童年时期对艺术不可捉摸的向往与追求。虽然对于舞蹈，小爱丽丝有与生俱来的天赋和悟性，但是在追求舞蹈的路上仍然会有很多挫折——爱丽丝不能和所有孩子一样尽情玩耍。她爱上舞蹈艺术，但是也需要小孩子的无忧无虑。她时常在两者之间摇摆不定，经受了许多煎熬、迷惑与痛苦。

终于有一天，她狠狠地摔掉舞鞋，哭泣着对父母喊道："我讨厌跳舞，我对这些东西厌倦极了。"然后，她冲出家门，来到了撒丁岛的田野边。

在撒丁岛美丽的风光下，爱丽丝渐渐安静下来，面对着花丛泉边，爱丽丝此时似乎忘记了所有的不快，迎着微风，她完全陶醉其中。黛莱达在这个场景描写中，几乎是以天人合一的奇妙境界表现了爱丽丝艺术灵动的气质：爱丽丝看到，在百花丛中，一只蝴蝶翩翩起舞，色彩斑斓的花纹和周边的花丛相得益彰。此时，她突然有一种要起舞的冲动。于是，在草地上，她的肢体随着蝴蝶自然地舞动起来。此刻，爱丽丝也许是在上帝的感召下，渐渐明白自己生来就是为了跳舞，即使是戴上枷锁，也要一直跳下去。

随着时间的流逝，她也慢慢长大，出落成标志的姑娘。然而，现代文明的兴起，使撒丁岛在现代与传统的冲突之下发生了巨大的变化。对于爱丽丝来说，她的艺术素养是在传统文化的熏陶下形成的。

但是，随着自己成为一个有独立思想的成年人，她在风云变幻的时代背景下越来越迷失，在传统与现代中无法抉择——无论是在艺术上还是在她的爱情上。

爱丽丝有个青梅竹马的表哥，两小无猜，几乎所有人都毫无疑问地认为爱丽丝必定和表哥结婚。然而，随着资本主义文明的侵入，古老传统的撒丁岛面临着被重构和颠覆的局面，对于爱丽丝来说，她个人的世界观、人生观也在这冲突中徘徊。

爱丽丝敬重恪守传统的表哥，但也欣赏从罗马来到撒丁岛的大学生保罗。表哥和罗马来的大学生，二者是传统与现代的象征，爱丽丝在历史巨变中，也经历了艰难的选择。选择表哥，那么她将恪守传统；选择保罗，那么她必然要离开撒丁岛，离开自己的父母。

但是，无论选择冲突两方的哪一方，爱丽丝始终不放弃的是她的舞蹈。当陷入痛苦的思索中时，她唯有翩翩起舞（如同多年前那只在万花丛中舞蹈的蝴蝶），才会忘却所有苦痛。黛莱达通过对她舞蹈的描写，将肢体这一无声语言的作用发挥到了极致。而从舞蹈、从艺术中得到的信仰却是一种同天地契合的结果，也就是类似于上帝的恩赐。在这里，她把对于宗教、上帝的信仰，具体表现为爱丽丝对于艺术的坚定信仰。

在小说的结尾，黛莱达并没有明确地指出爱丽丝最后的抉择，而是留下了悬念。黛莱达这样做，也许是想留给读者遐想的余地。但是，读者却不满足于这个结局。

《项链的舞蹈》出版后，读者纷纷来信，希望黛莱达给爱丽丝一个明确的结局。虽然在黛莱达看来，哪一种结局都不是最重要的，但是，她始终是一个和蔼可亲的作家，始终把她忠实的读者作为亲密的朋友——既然朋友们善意地要求她再续写，她就一定会满足他们。于是，她便开始创作下一部作品——《向左》。

4. 回溯

《向左》这部小说可以认为是《项链的舞蹈》的续篇。它讲的是关于选择的故事。黛莱达的灵感仅仅因为儿子的一句话便来了。

那天，黛莱达依然做着家务，下一部小说的构思还未成型。此时，两个儿子在聊天，兄弟俩居然在谈论母亲的家乡撒丁岛。哥哥小时候的很长一段时间是在撒丁岛度过的，那儿的一切也给他留下了美好的回忆。

所以，他对弟弟说："那儿真的美极了，弟弟，什么时候一定带你去外婆家看看。"

"我才不要呢，那里没有车，没有好玩的游乐场，真是无聊透了。"

"不，那里有很多有趣的东西，有唱着歌儿的小鸟，有跳着舞的蝴蝶蜜蜂，有漫山遍野的花，高山峻岭等等，每个角落都有它的乐趣。不信，你去问妈妈。"

黛莱达很仔细地听着兄弟俩的对话，她微笑着对着小儿子说："亲爱的，哥哥的话没错，还记得妈妈给你念的《森林中的笛声》吗？那些好玩儿的东西可都是在那里哦，那儿是妈妈从小长大的地方。"

"可是，妈妈，既然那个地方那么好，为什么我们不搬到那里住呢？"

黛莱达愣了一下，抱着小儿子说："撒丁岛一直都在妈妈的心里呢。"

黛莱达心里很感动——不仅是她自己对于撒丁岛有着炽热的眷恋之情，即使只有断断续续的记忆的大儿子弗朗茨也对那里有着很微妙的感情。

于是，在《向左》小说中，主人公是一个旅行者，他从城市中来，仅仅是撒丁岛的一个匆匆过客，但是完全被撒丁岛的美丽风光和淳朴人们吸引住了。在现代文明的物欲诱惑与古老文明的选择中，旅行者最后选择皈依于撒丁岛，过着与世无争的平淡生活。他的向左，象征着黛莱达再次对读者说，她虽然身在城市，但她始终还是属于那片美丽可爱的故土。

在《向左》之后，黛莱达于1925年又出版了日后的重要作品——《飞向埃及》。

一直以来，对于《飞向埃及》这部小说，世界各地的读者有着不同的诠释，众说纷纭，没有定论，所以连这部小说的来由都变得富有神秘色彩。

有的说，埃及是女作家一直都非常向往和喜爱的国家。黛莱达从小就从书上知道埃及是一个与意大利截然不同的国家，埃及文化之独特更是极大地吸引了黛莱达，使她产生无限的遐想，但是由于现实的种种原因，她始终没能远赴这个古老文明国家去看看。即使埃及各种学术联会一再邀请她去访问与游览，也都未能成行，这是黛莱达一生中的一大遗憾。

为了满足自己对于埃及文化的向往，她写了《飞向埃及》这部小说来弥补自己的遗憾。

也有人说，这部小说是这样写出来的：作者的一个闺蜜贝西，年轻时听从父母之命远嫁埃及富商，多年以后回国与黛莱达取得联系。见面后，贝西请求黛莱达将自己的亲身经历写成小说。盛情难却，黛莱达只能答应她。

无论是什么原因促使她写这部小说，都可以确定一点：她是在读过基督教经典《出埃及记》后才写出《飞向埃及》的。

《出埃及记》是一本救赎之书。全书所记载的都集中在一个主题上，就是神救赎他的子民，并要求他的子民侍奉他。

《飞向埃及》是黛莱达对这一神圣本源之书的回敬。在《出埃及记》中，摩西带着一直作为奴隶的以色列人历尽千辛万苦走出埃及，是为了到达神所预备的流着奶和蜜的地方——迦南。可是，在《飞向埃及》中，黛莱达却说出要回到埃及，其中的深意耐人寻味。

第十一章　生存还是死亡

1. 诺贝尔文学奖

"格拉齐娅，我告诉你一个好消息，你将获得这次诺贝尔文学奖。"丈夫莫德桑尼从外面回来，亲吻着她，同时告诉她这一激动人心的消息。

黛莱达微微一笑："莫德，我也告诉你一个好消息，我学会了牡丹刺绣。"接着，她接过丈夫脱下的衣服，嘱咐他去洗手，然后和家人共进晚餐。

世界上第二位获得诺贝尔文学奖的女作家——黛莱达，当她知道自己终于获奖之后，平静得令人吃惊——仿佛这个巨大的荣耀和"学会了刺绣"一样，只是一件令人高兴的小事。

她总是这样扮演着贤妻良母的角色，仿佛她前无古人的文学创作只是闲暇时的娱乐。

黛莱达永远不属于那种围绕着肢体讨论问题的作家。她总是使自己远离当时的争论。当艾伦·凯伊（1849—1926，瑞典女作家）试图引她加入那种争论时，她回答说："我属于过去，属于意大利海岸线上乡下人的行列，没有什么能使我远离我的本质，我将为她付诸一生。"黛莱达笑容满面，但是眼神中透露着坚定。

也许她的这种表态并不完全正确，因为格拉齐娅·黛莱达体会到她与过去、与人民的历史有紧密的联系。但是，她也懂得如何在她自己的时代生活，知道该怎样给予反映。虽然她对理论缺乏兴趣，但她对人生的每个方面都有着强烈的兴趣。

阿尔弗雷德·诺贝尔认为，黛莱达的作品能给人类带来甘露，使人的身体和精神都因此而富有活力。遵循他的这一愿望，瑞典学院这次把文学奖授予了她。

其实，早在她42岁的时候，就已经被提名参选诺贝尔文学奖。然而，直到13年后，她才获得这一殊荣。不知道在她回忆起儿时那个差一点与文学之路失之交臂的小姑娘时，心中是否一惊，是否想过自己一生的荣耀，有多少次就差一点付之一炬。

55岁黛莱达站在诺贝尔文学奖颁奖典礼的盛宴上，淡然地向各位贵客愉快地交谈着天气，而对不绝于耳的赞美或质疑不作任何评价。

这样的宠辱不惊，在历史上实为少有。

在祝贺获奖的晚宴上，瑞典学院成员内森·瑟德布鲁姆对获奖者致贺词说：

亲爱的夫人——俗话说："条条道路通罗马。"在您的文学创作道路上，条条道路都通向人类的心灵。您从不厌倦地满怀深情地倾听那心灵的传说，它的秘密、冲突、焦虑、永恒的渴望、习俗以及国家的社会制度会随着时间的流逝而不同，民族的特点和历史、信仰和传统、应该像宗教信仰一样受到尊敬。反其道而行之，把万事万物视为一体，则是对艺术和真实的犯罪。

黛莱达谦虚地回应了这样的评价。在事后写给瑟德布鲁姆的信件中，黛莱达这样说道："我不止一次地会想到儿时的撒丁岛，宁静平和，人们固执而骄傲。这个世界是上帝创造的世界，而我们的生活是平凡的人们创造的生活。我所做的，只不过是用笔把它们写下来，让远方的人也能够看见。您高抬我了。"

正如黛莱达说的那样，她无意于争逐名利。在授奖晚会结束之后的第一个清晨，她又像往常那样忙忙碌碌，为家人煮好牛奶，摘一小束玫瑰，把花瓶摆在放着圣经的桌子上。午后，她会沏一小杯红茶，铺开稿纸写点什么。她从不要求自己每天要完成多少，她只写自己的感情、自己的思想。

当各大报纸宣告"因为她那为理想所鼓舞的著作以明晰的造型手法描绘海岛故乡的生活，并以深刻而同情的态度处理了一般的人类问题，而荣获诺贝尔文学奖"时，黛莱达已然忘记了这件"小事"。

而当好友纷纷来信祝贺她的巨大荣耀时，黛莱达又开始埋头于写作。

同年，短篇小说集《为爱情保密》问世。这位高产的作家又为人们带来了新的世界、新的看世界的窗口。这部小说具有风格上的活力、技巧上的功夫、结构与社会的关联，包含了黛莱达对爱情和名利的看法，再次引起了年轻读者的共鸣。

同时，黛莱达打破了关于诺贝尔奖的悲哀。她告诉了后来者，只有不为名利所动，才能有持续的作为；最高奖项并不是创作的终点，而是新的起点；只有站在更高处，才能看见新的境界。

2. 病魔来袭

当大家还在为黛莱达获得诺贝尔奖而沉浸在喜悦中时，命运却向她露出了狰狞的面目。

在黛莱达度过五十多年的平淡生活之后，可怕的病魔已经悄悄来袭，并与之伴随至生命和艺术创作的最后一刻。

1926年，在荣获诺贝尔文学奖同年的圣诞前一星期，已经55岁的黛莱达正在为圣诞节作准备。

她思索着，圣诞树已经预定好了，明天中午就可以送到，装饰树的彩灯也都在这了，还有圣诞夜大餐可吃，万事已经具备了。

而且，更令她高兴的是，弗朗茨一家和萨尔杜斯他们今年都要回来。她最想念的还是亲爱的小孙女，她对丈夫说："不知道我可爱的小希尔维长多高了，我准备了她最喜欢吃的南瓜派，还有最重要的礼物，一切都准备妥当了。"

这一天的早晨，黛莱达依然早起，准备为莫德桑尼做早餐，可是今天醒来左胸就不停地隐隐作痛。

"也许是前几天太过操劳了吧！"她想——毕竟自己身体也不像年轻时那样健朗了。

这天中午，黛莱达没有像平常一样坐在窗边看书，而是回到床上休息。

莫德桑尼见状，忙问她是不是生病了。她只是说："一觉醒来就会好的，过去一直都是这样。"

然而，黛莱达没有告诉丈夫：这次一连几天，疼痛感都没有消失。

直到有一天晚上，她竟然痛得睡不着觉，靠着吞下一大把止疼片才勉强压制住肆虐的疼痛。

这次发病之后，黛莱达决定要去看医生。但是，她要等到圣诞夜之后，两个儿子都走了再去——她不想让他们为自己担心。她想，反正也没几天了，先忍耐一下吧。

圣诞前夕，一家人围坐在不大的餐厅里，感到非常温暖和温馨，火炉也烧得旺旺的，足以抵挡屋外面十年难遇的大风雪。

小希尔维围着桌子一圈圈地绕，正在兴奋地问奶奶圣诞夜的大餐有什么好吃的，大儿媳莫妮卡正为黛莱达打下手。

突然，黛莱达在案板前昏了过去。

顿时，大家乱成了一锅粥，连忙把黛莱达扶到房间里。

莫德桑尼更是完全不知所措——在几十年的夫妻生活中，总是黛莱达在照顾他，小到饮食起居，大到自己生病时的常备药，都是黛莱达为他准备好的。

他站在一旁，看着莫妮卡在为黛莱达量体温，自己却帮不上忙，感到对黛莱达的亏欠。大家决定明早再送黛莱达到医院去，毕竟今夜的风雪实在太大了，而且今天是圣诞夜，即使到医院，也不一定找得到医生。

第二天，天边刚露出一点晨光，莫德桑尼就迫不及待地亲自开车送黛莱达到医院。

一家人除了没有被惊醒的希尔维，都不安地等在诊断室的门外。时间一分钟一分钟地过去，医生终于出来了，大家都围拢过去。

医生给了他们一个明确的回复：黛莱达得了乳腺癌，左乳下方内部有一块将近2mm的小肿瘤块。不过万幸的是，这个肿瘤目前扩散得还比较慢。

在1926年，乳腺癌已经不是什么罕见的病症，但当时的医疗条件较差，得了乳腺癌注定难逃一劫。

沉默了很久的一家之主从沉重的打击中恢复了往日的理智与沉着，他没有在儿子们面前表现出太多的不振——他已经想好了，他会陪黛莱达一起面对病魔。

他告诫家人千万不要在黛莱达面前表现出太多的悲伤，只要像平常一样就好。

在家人的期盼中，黛莱达终于苏醒过来。她睁开眼帘，看见莫德桑尼的眼睛正注视着她。在家人一一上前亲吻她的额头表示问候之后，莫德桑尼表示想和黛莱达单独说一会儿话。

房间里只剩他们两个，黛莱达还未从虚弱中恢复力气，但是她还是急于想从丈夫的口中知道自己到底生了什么病。

　　莫德桑尼说："黛莱达，你知道吗？此前我一直把家庭的幸福生活归结为理所当然的，直到昨天我才知道你对我是多么重要，你一直是我的好妻子。所以，请你答应我，现在你有困难，我们要一起面对，好吗？"

　　黛莱达默默地点了点头，她有一种不祥的预感，她非常了解丈夫现在严肃的表情并不常见。

　　莫德桑尼将医生说的话原原本本地告诉给黛莱达，他还说："其实，乳腺癌并不像人们想象的那么可怕，只要按医嘱治疗，做了切除肿瘤的手术以后不久就可以恢复正常的生活。"

　　莫德桑尼将妻子轻轻地搂入怀中。

3. 选择残缺

　　在家人的眼中，得知自己得了乳腺癌的黛莱达表面依然很平静。可是没有人知道，在这个敏感的女作家心里，像一阵狂风暴雨刮过般不可收拾。

　　乳房是女人最美丽、最富于女性特征的部分，是女人最好的饰品，它还是最丰美的粮仓，孩子的珍宝。

　　即使到了晚年，割掉一只衰老的乳房，对于一个女人而言，不管是身体上还是心理上，也都是一次摧残。

　　死亡对于她并不可怕，但她无法想象一边是平平的胸口，剩下另一边干瘪的乳房的自己怎样面对自己和丈夫，她还能像以前一样昂首挺胸地走路吗？

她此时只能像一个无力的孩子站在命运的缝口，动弹不得，瑟瑟发抖。

她真的不能理清现在的思绪，她的精神世界正在一点点崩塌。

现在，她唯一能做的就是在医院准备接受切割手术。最起码还有生的希望。

为什么自己无法像母亲那样平静地死去？还在留恋什么？还在期待什么？她只觉得在前方还有值得探索的东西，在等着她去碰触。

只能通过窗户才能和外界保持联系的黛莱达今天将要进入手术室，莫德桑尼目送着手术室的门关上，黛莱达浅浅地朝他笑了一笑。

在一段漫长的等待后，手术结束了。为了换取生存的可能，她成为了残缺的女人。

在家人无微不至的照料下，渐渐地黛莱达融开了冰冻的心情，努力让自己保持一颗平常心。

黛莱达无法忘记她人生中在切割手术后第一次洗澡，她全身赤裸着坐在浴缸里，将视线久久凝固在那平坦的左胸上，伤口才刚刚愈合，留下一道痕迹，像蜈蚣一样蜿蜒在身躯上。

她不愿去触碰它，仿佛那不是自己身体的一部分。

可是，人生的路还要继续往前走，黛莱达的灵感火焰并没有熄灭。她想写作的渴望达到了极限——只有写作才能愈合她心灵的伤痛。

回家以后，黛莱达同意了莫德桑尼请一个用人的提议。

找来的女孩叫苏菲，黛莱达和她见面时，就感觉她和普通的用人很不一样，或者说有点怀疑她能否胜任——这是个很害羞的女孩，老是窘迫地绞着手，不敢抬头，只是时不时地怯怯地瞄黛莱达一眼。

她冷静懂事，干活也十分认真、卖力，就是太沉默了，有什么高兴的、不高兴的事都藏在心里。

相处时间长了，黛莱达才知道：她是在孤儿院里长大的，莫德桑尼通过朋友的引介，把她领回了家。黛莱达问她是否识字。她回答说，自己在孤儿院里也接受过最基础的教育，读写不成问题。

她还很害羞地告诉黛莱达，自己很喜欢读书，可是从来都没有钱买，只有几本孤儿院嬷嬷送她的宗教小册子，她都能背下来了。

"家里的书，如果你愿意都可以看。"

"真的？"黛莱达看到苏菲眼里第一次闪现出期盼的光芒。

苏菲在这个家里体会到了以前从来没有过的温暖。她觉得黛莱达就像慈祥的母亲。虽然自己没有受过她的养育，但是苏菲很愿意陪伴照顾这个衰弱的老人，也喜欢同她谈话——她有许多的故事，知道许多的道理，可是从来都不倚老卖老，作为最需要照顾的病人，她还总是为别人着想。这与苏菲从前遇到过的女人都不一样。

但是，她内心的防备还远未化解。一次，黛莱达开玩笑地说一定要给她这么乖巧的姑娘找个好人家，可是苏菲却以为他们是要想赶自己走，心里十分难过。

黛莱达发现苏菲板着脸，很抑郁，思来想去才意识到，她是被昨天的那句话给吓到了，夜里哭得眼睛都肿了。

黛莱达非常吃惊，然后很诚恳地向苏菲道歉。苏菲却说出了自己心里最深的伤痛。

原来，在苏菲5岁的时候，妈妈将她带到教堂门口，叫她等一会儿，可从此再也没有回来；后来，一个好心人将她送到了孤儿院。

长大后的苏菲，对于任何形式的透露出要让她离开的话语或者行为都会有过激的反应，她甚至控制不了自己的恐惧，一旦有人触动到那个开关，她就会被绝望的念头淹没。

1927年，黛莱达的小说《阿纳莱娜·比尔希尼》出版了，这是在黛莱达在家疗养的那一年完成的。

小说中的孤儿就是以苏菲为原型的。黛莱达起初的构思是，在小说中通过对孤儿阿纳莱娜·比尔希尼的坎坷经历的描写和对她心理活动的细致刻画，表达出苦难对于儿童的深刻影响，小说还表达出对于生命自强不息的呐喊，正符合这一时期黛莱达坚定地与疾病抗争到底的决心。

小说大部分是由黛莱达口述、苏菲记录完成的，后期繁重的修订工作也是由苏菲帮助黛莱达完成的。

由于这部《阿纳莱娜·比尔希尼》，黛莱达与苏菲之间建立起更加深厚、难以言说的情感。

黛莱达答应苏菲，只要她还活着，苏菲就可以一直待在她身边，这里就是她永远的家。

苏菲也确实陪伴黛莱达度过了最后的日子。

4. 与孙女在一起的美好时光

离黛莱达出院回家休养至今已经有很长时间了，生活又恢复了往日的平静。

在苏菲的陪伴和照料下，黛莱达每天的生活更为简单，似乎忘记了什么病痛，每天只是看看书，和苏菲说说话。

白天，黛莱达可以有足够多的时间翻阅书籍，铺开稿纸，慢慢地书写，甚至在天气晴好的时候还有机会到近处散散步。

丈夫回家也比之前勤得多了：莫德桑尼如今时常陪着黛莱达散步。白头偕老的两个老人在夕阳之下倚靠着，喃喃低语着年轻旧事。

到了晚上，通常是黛莱达在书房里将自己的灵感诉诸笔端的时刻。现在，黛莱达除了自己写作外，还腾出了时间教苏菲读书写字。

苏菲求知欲很强，也很聪明，黛莱达看着年轻的苏菲，感到非常欣慰。

黛莱达的写作依然在进行着。她明显地意识到自己已经老了，和丈夫在一起时，往事回忆得越来越多。

黛莱达会想起曾经写过的那本《祖父》，小说里的祖父摇摇晃晃地坐在椅子上跟小孙子说着当年的往事，而此时，她觉得自己也像是一个老人一样，有了一种对于往事倾诉的欲望。于是，她开始构思她的新作——《老人与儿童》。

正好，弗朗茨有重要的事情要离开家一段时间，妻子也要一同前往，所以他们只能把孩子托付给父母暂时照料。

在爷爷奶奶家期间，小希尔维给这个被疾病的阴影占据多时的家带来了生命的活力。也给两位老人的生活增添了许多欢乐。他们共同度过了一段其乐融融的美好时光。

小希尔维自幼就深得奶奶的喜欢。黛莱达发现，无论从外貌还是从性格上，希尔维和年轻时候的自己都很像——同样的聪明而且智慧，都对外部世界充满了求知欲和好奇心。

比起威严的爷爷，小希尔维也更亲近可以像孩子一样和她天真对话的奶奶。

此时的小希尔维已经到了开始识字的年纪。于是，黛莱达将但丁《神曲》里的故事简化改编，一段一段地讲给她听。虽然还不是很明白其中的道理，小希尔维却总是听得很认真、很专注，对于文学很早就显露出兴趣。

这使得黛莱达感到非常欣慰，她感到自己重温了青春岁月。

一次，小希尔维看到窗外天空中飞过的飞机，很疑惑地问黛莱达："奶奶，飞机在天空中飞来飞去的，怎么不会撞到云呢？"

"傻孩子，云是水汽变成的，怎么会撞坏飞机？"

"那要是撞到天上飞的鸟呢？"

"……"

这引起了黛莱达的思绪，青春的美好、童言无忌的岁月一去不复返，无论她再如何追忆、如何感伤，都已经是遥远的梦。

她怀念童年，认识到童年对于人类就像是婴儿在母亲腹中的时期，纯净得像一张白纸，睁着一双不知所措的大眼睛去观察这个复杂的世界。

在那个时期，人类没有被世俗的浮华所遮蔽双眼。所以，有时候从儿童的角度去看世界，常常会神奇地发现事物的另一面，甚至是事物的本质。

这一年，黛莱达又出版了《老人与儿童》，小说中记录了许多她和希尔维在一起的趣事。从书里，我们还可以体会到黛莱达作为一个老人对于儿童的关怀。

《老人与儿童》与《祖父》不同，故事讲的是邻居家的老人和一个小孩的故事。在这里，老人和儿童之间没有任何血缘关系，从而把人与人之间的爱更加扩大化、普遍化，有基督教里博爱的宗教意味。

这孩子在一次意外中同父母失散，无依无靠，直到碰到老人。老人也是孤身一人——老伴早逝，子女无暇顾及他。孤单的老人想照顾孩子——他把这当作自己感情的依托。小孩子却不认为自己要永远陪伴老人，而是想要去找回自己的父母。

于是，老人和儿童便开始了漫长的寻找之旅。

在这漫长的旅途中，老人和儿童有过冲突，但更多的是相互依靠，两人对彼此的理解慢慢加深。

旅途可以理解为对于人生之路的象征，也可以理解为祖孙两代人从不理解到互相理解的过程，还可以理解为传统与现代的冲突过程。

同时，在旅途中会遇到各种各样的人，象征着整个人生路上会遇到的人和事。

在小说中，老人和儿童的旅途，通常以富有哲理的对话呈现。

老人有时会十分感慨地述说着过去的经历，小孩子有时很有兴致倾听，有时候会不耐烦；老人有时候也会在小孩子的影响下，变得古灵精怪，像个老顽童一样；孩子在艰苦生活的压迫下，仍不失儿童的天真可爱——也许他是在用自己的调皮捣蛋对抗这个世界的冷酷，让所有的一切都多一些暖意。

他们互相影响，坚定地走下去……

小说没有交代最后的终点，给读者留下意味深长的揣测。

在这部充满了意趣和哲理的小说中，黛莱达用她对于撒丁岛的依恋和回忆，在整个路途中对自然风光进行了细腻的刻画，给老人和小孩以背景衬托，简直形成了一幅幅油彩画，十分和谐，富于艺术感。

在小说中，黛莱达始终不忘宗教的启示。

这次旅途对于老人而言，是一种回忆性的旅途，他絮絮叨叨地叙述着过去的事情，同时也是一次新的经历。

在小孩的影响下，他经历着同样的事情却有不同的感受，成了一趟反思救赎之行——向上帝祷告，忏悔自己的一生。同时，这也是黛莱达对于自己一生的反思。

5.《圣诞节的礼物》和《诗人的家》

写完了《老人与儿童》后，也就是黛莱达对于自我的又一次反思，她完全忘却了病痛、衰老、死亡这些灰色的字眼，生命对于她而言，依然是生生不息，即使她自己的生命终结了，人类的爱、人类对于自我的救赎也是永恒的。

转眼间，一年又要过去，圣诞节就要来到。盛大的节日给罗马城带来了极大的热情。每家每户都开始为圣诞节筹备着，苏菲也开始忙活起来。黛莱达也显得很高兴。苏菲带着黛莱达外出逛街购物，黛莱达也凭着多年家庭主妇的经验指点着苏菲如何购置圣诞货物。作为祖母和外祖母的黛莱达，当然还有点任务，要为自己的儿孙准备点儿什么礼物。

对于黛莱达来说，这有点难，甚至比写作还难。看着琳琅满目的礼物，她眼花缭乱，不知道该挑些什么给孩子们，好在有苏菲跟着一起想主意。

黛莱达会想起当儿子还是孩子的时候，她和丈夫是如何精心挑选着礼物给儿子的，那个时候自己的精力是多么旺盛，如今却真的有点吃不消这样耗费体力的购物了。同时，她也会想起：自己还在撒丁岛上快乐地生活时，父母给的礼物是什么呢？一本书，或者一件漂亮的衣裳。那个时候，自己是多年轻，多快乐啊！虽然现在自己的生活依然是平淡而幸福的，但她难免也会怀念着从前的快乐时光。

苏菲感觉特别兴奋，她从小缺失着普通幸福孩子都有的圣诞礼物的满足，在圣诞节的热闹下，在黛莱达一家的关照下，她渐渐体会到了人间的温暖。回到家后，苏菲突然哭了起来，黛莱达见了，惊奇地问："你怎么了？哪里难受了？"

"夫人，我是觉得好幸福。从来都没有过这样开心的圣诞节。我是多么感谢您和莫德桑尼先生啊！"

"傻孩子，那些经历的苦难对于你来说是一种磨难，同时也是一种磨砺，是上帝叫你去受苦，然后再让你去享福，叫你去珍惜你自己。"

"谢谢您。我真不知道该怎么感谢您的恩惠。我想，遇到您和先生，是我今年最好的圣诞节礼物了。"

"让我们一起感谢主吧，亲爱的苏菲。"

这个时候，《圣诞节的礼物》在黛莱达心里慢慢构思起来。小说描述的是像苏菲那样艰难过活的女孩，在她的人生中遇到了各种各样的痛苦，包括事业、爱情、家庭等等。她就像约伯那样，受尽磨难，但是，最后女孩皈依上帝，信仰得救，并在圣诞节时得到上帝的启示，得到救赎。

圣诞节到了，儿子、孙子孙女都来了，黛莱达家里顿时热闹起来。黛莱达和莫德桑尼都很久没有这样高兴过了。黛莱达坚持要下厨，于是苏菲就和她一起为大家准备丰盛的晚餐。而莫德桑尼和儿子们像朋友一样聊着天，孙子孙女也开心地游玩嬉戏着。

黛莱达看着这样幸福的画面，觉得自己也是幸福的，心中默默地向上帝祈祷着。她决定也来写写自己的家庭，写体贴她的丈夫，写所有她爱的人和爱她的人。

刚开始，她打算写一个女作家的传记小说，但是后面想想，似乎不太愿意过早地就开始回顾自己所有的生活（也许黛莱达觉得自己还是年轻的）。于是，她开始构思一个诗人的部落。她在文学界也有很多诗人朋友。在很多作家心里，写诗从来都是一种很原始的创作冲动，在黛莱达心里也一样——她心里也曾有过一个诗人的梦。

《诗人的家》描写的是一个从美丽的撒丁岛走出的诗人，诗人怀着对于城市的憧憬和向往，从撒丁岛来到罗马城。但是，来到这里后，得到的却是失望、愤怒、无奈。这样一个纯粹的诗人，面对着城市的世俗世界，显得格格不入。诗人在纯粹的诗歌世界和混乱的繁琐世界的冲突里徘徊。在城市里，他可以感受到这些现代文明带来的巨大冲击。在诗歌里，他可以去追求那些真理、爱情。只有在诗歌世界里，他才能找到他的上帝。在城市里，他也找到了他的爱情。在他看来，他的妻子很普通，但是善解人意——这样的妻子让他觉得平凡平淡的世俗生活也自有它的意趣。妻子不是一个作家或者诗人，而只是一个普通的女子，有普通女孩子的虚荣。但最重要的是，妻子宽容他、理解他，成为了他与世俗世界的桥梁，使诗人在艺术与生活之间找到了某种契合点。诗人有了一个幸福的家，同时，在他心里也有了一个安宁的自我空间——这也是他自己的家。

在小说中，在各种矛盾冲突中，依然是上帝将冲突、矛盾弱化，达到了某种安宁。也许在黛莱达心里，这些纠结是每时每刻都存在的，但是，唯一能给我们的安慰的唯有我们的上帝。

在这部小说中，出彩的地方应该是诗人内心的独白以及天马行空的幻想。在黛莱达细腻深刻的笔下，诗人的精神状态十分生动，精神气质让人敬仰。同时，妻子的天真可爱、善良和善解人意，也让我们感动。《诗人的家》可以说是一曲乌托邦的爱情颂歌、一曲乌托邦的人性赞歌。

6. 风的家乡

写完《诗人的家》，黛莱达开始愈加思念她的故乡——撒丁岛。估计那里已是物是人非了吧。但是，还好，在黛莱达心里，撒丁岛已经不再是一个具体的地方，撒丁岛的一点一滴，撒丁岛的宁静恬淡的气质已经深入骨髓，即使黛莱达突然一无所有，她依然可以心存这方土地。

她开始集中注意，想念她的撒丁岛，并开始创作《风的家乡》。

这本小说更像是一本散文集，倾注了黛莱达的深情。在小说中，黛莱达把风的意象具体化，风是人的一种气质、一种信仰，每个人都有自己最原始的一种风，而对于黛莱达，这种风来自美丽的撒丁岛，来自于她对撒丁岛深深的依恋。同时，风是在静与动之间，静在于风有自己的信仰，有自己的特色，动在于风只能无休无止地移动飘动，居无定所，有一种我必远游、宿在荒野的悲壮感。

小说写的是一个流浪汉的故事，他每天居无定所，每到一个地方就了解那个地方的风土人情，当地人很愿意同他讲述他们自己的故事。但是久而久之，当地人产生了怀疑，开始问流浪人自己的故事。每到这个时候，流浪人就开始匆忙离开这个他了解别人但是别人不了解他的地方。流浪人一站一站地走下去，似乎毫无终点。终于，他在疲倦的时候走回了他的故乡。当他走上这片熟悉的土地时，已经过去了好几十年，好多人他不认识，好多人也不再认识他，但是在这片熟悉的故土里，他决定就这样毫无牵挂地生活下去。流浪汉走过了许多地方，找来找去，终于找到了自己的信仰所在，找到了他的上帝所在。

这部小说可以说又是一部展现黛莱达精神历程的作品，流浪人的精神状态也展现了黛莱达精神历程——从迷茫、困惑的荒原感到最后向上帝的皈依。

而这部小说最具特色的地方就是对于各种风土人情的描述，这里已经不仅仅局限于撒丁岛，而是通过不同地方和撒丁岛的对比，以突出流浪人的选择。同时，小说的结构越来越简单，整部小说仅仅就只有一个主角，而且主角没有什么名字——仅仅用"流浪人"、"他"等词来称呼。同时，小说通过细腻的心理刻画、梦境的描述、对话的叙述、幻境的描写，表现了主人公的精神状态。

这部小说语言优美，充满深情温馨以及深邃的思想，完全可以当作一部散文集来读。从这部作品来看，黛莱达的精神状态已经十分安宁、满足。

7. 葡萄园中的爱情

黛莱达做完手术后，精神状态一直都很稳定。因此，家人也都很放心。

莫德桑尼很兴奋地回来跟妻子说："亲爱的，你猜谁给我们来信了？"

"弗朗茨吗？"

"不是，是我们的老朋友——奥利弗。他说，他在地中海附近定居下来了，那里的风景很好，邀请我们去度假呢。我想，我们也很久没有去度假了，出去走走，对你的身体也是很好的。"

对于黛莱达来说，虽然觉得跑那么远会很疲惫，但是一想到蔚蓝色的大海，就不禁非常向往。于是，他们还有苏菲一起准备出发去地中海度假。

旅途对于黛莱达来说有点漫长，也使她感觉疲惫。好在同奥利弗的联系还算顺利，再加上有丈夫和苏菲的照顾，她觉得十分开心。

在奥利弗这里，黛莱达时常会想起她的撒丁岛，有时候她竟然不知身在何处，有种已经回到撒丁岛的幻觉。

地中海盛产葡萄，茂盛的葡萄藤缠绕四处，不久也即将结果。每天清晨和傍晚，黛莱达会到葡萄藤下散步，好不惬意。

突然有一天，她听到了一对情人在葡萄藤下悄声说话，说话的声音很熟悉。她仔细一看，竟然是奥利弗和苏菲。原来，在这几天里，奥利弗和苏菲产生了爱情。他们常常在树下幽会，这天刚好被黛莱达不小心发现了。

黛莱达很高兴——她的两个可爱的朋友可以走在一起，的确是一件值得高兴的事。面对着两个年轻的生命可以自由地享受爱情的甜蜜，她发出由衷的祝福。

对于苏菲来说，爱情的甜蜜固然让她觉得很幸福，但她却另有担忧。苏菲不想离开黛莱达，她很早就对自己说要好好报答黛莱达夫人和莫德桑尼先生，而自己是最清楚夫人的身体的：自从夫人动了手术后，身体并不是特别好，虽然夫人经常掩饰自己，但仍然瞒不过她的眼睛。

在葡萄架下，苏菲对奥利弗说："我不能和你留在这里，我希望陪着黛莱达夫人，一直到……"

苏菲没有再说下去，奥利弗很吃惊，他无法理解，苏菲为什么不能勇敢地追求自己的爱情，更为荒谬的是以黛莱达作为什么借口，他很生气："苏菲，请你坦诚地对我说吧，在爱情面前，需要我们炽热而又真诚的心。我们明明昨天还互相明誓说要相守一起，为何今天你就变卦了呢？"

"奥利弗，我不能离开黛莱达夫人，她有恩于我，况且……总之，无论如何我是不会离开她的，即使是我们的爱情……"

"可是，你不可能永远成为黛莱达的仆人，你有你的生活，你有你选择自己爱情的权利。"

"不，奥利弗，我会选择我的上帝，我会选择报恩的。"

面对着如此倔强的女孩，奥利弗有点惊讶，也很欣喜，因为苏菲是个善良的女孩。

最后，他说："好，亲爱的，我愿意等你，等你选择爱情的那一刻。"

然而，奥利弗还是闷闷不乐，他甚至有点怪罪于黛莱达。在他的爱情面前，巨大的阻拦竟然是黛莱达。他想到了他年轻时对黛莱达的爱情。此时他十分恼怒，于是气冲冲地跑到黛莱达面前，准备质问于她。可是，当他看到黛莱达安静慈祥的面容，便冷静了点，觉得自己的想法未免过于偏激，但心中的疑惑还是不散。

"夫人，我爱上了一个女孩，她善良、美丽、宽容、可爱。可是，我和她却不能在一起。"

"我的朋友，这是为什么呢？只要两个人真心相爱，上帝是可以祝福他们的。"

"不，正是上帝，是上帝不让我们在一起。"

黛莱达很奇怪，觉得苏菲和奥利弗的爱情本是自然而然的事情，并不会有多少风波，但是看到奥利弗有点责备的眼神，她多少猜了出来，于是便说："奥利弗，我知道苏菲太善良、太执著了，你放心吧，我支持你们的爱情。"

其实，自从黛莱达知道了奥利弗和苏菲的爱情后，她便开始写她的一部新的爱情小说《海边的葡萄园》，只是她没想到，这个倔强的苏菲会如此爱着她。她很感动，她觉得有必要和苏菲好好谈谈。

对于苏菲而言，其实自己也很痛苦，毕竟奥利弗的爱情也给了她很多安慰，不幸的苏菲，终于在黛莱达一家亲人般的关照和奥利弗的爱情的滋养下，变得不那么敏感，变得开始热爱生命，积极生活——她从心底里非常感激这些可爱的人。

黛莱达约苏菲到葡萄园里散步。

在散步的过程中，黛莱达说："苏菲，这里的生活还适应吗？"

"嗯，这里风景好，夫人在这里身体觉得好些了吧？"

"傻孩子，如果你能一直留在这里生活，你愿意吗？"

"黛莱达夫人，您……您难道又要赶我走吗？您不是说过，只要，只要您还在，都会留我在您身边的吗？"

"不，傻孩子，你需要你自己的幸福，你希望我成为你幸福的牵绊吗？你应该了解我的，我不希望你这样放弃自己的幸福，而我成为了被上帝责备的人。"

"但是，夫人，我知道，您的身体真的容不得离开我的，我知道的。"

黛莱达几乎要哭了出来——她的病情其实在慢慢复发，自己一直默默地在忍受着病痛，没有告诉任何人，没想到苏菲一直默默地在为她担心。她望着苏菲坚定的眼神，知道自己改变不了这个倔强的姑娘的决定。

"但是，我真的不希望你放弃你和奥利弗的爱情。"

黛莱达和苏菲两个人都不能说服对方，最后还是奥利弗作出了牺牲，他决定同黛莱达、苏菲一起回到罗马，放弃他在这里的事业，在罗马重新起家。

黛莱达的小说《海边的葡萄园》就是以奥利弗和苏菲为原型的爱情小说。在这场爱情的风波后，他们生活了一段时间，便启程返回罗马。

8. 夏日炎炎

黛莱达假期过得很开心，但是毕竟也耗费了很大的体力，一回来就显得很虚弱，在家里休养了很长一段时间。这些日子她真的无法离开苏菲了。苏菲还是尽心尽力地照顾着黛莱达。

对于黛莱达来说，最大的安慰就是在她不能读书时，苏菲也能读些书给她听。奥利弗重新回到了罗马，开始他新的事业，才刚刚起步，难免辛苦了点，但还是会抽空来看看苏菲和黛莱达。

黛莱达虽然身体很虚弱了，但还是不能放弃她的写作。在床上休息的一两个月里，她做了好些梦，都是关于撒丁岛和小时候的事。在这一两个月里，一些老朋友也偶尔会来家里看望她。

等到身体好了一点儿，黛莱达便又开始提笔写作。只是，现在写不了几个字，她就疲惫不堪。对此，她只能摇摇头，无奈地说："噢，黛莱达，你真的老了吧。"

苏菲总是安慰她说："不，夫人，您依然年轻得很呢。"

后面，黛莱达便开始口述她的小说，由苏菲记录下来。苏菲尽心尽力地照顾着黛莱达的生活起居以及她的精神生活。

接下来的小说《夏日炎炎》讲的是一个在夏天的炽热而短暂的爱情故事。故事分两条主线：一条是在美丽安静的撒丁岛里，另一条是在喧闹的罗马城里，两条主线交叉进行，形成鲜明的对比。

在撒丁岛里的爱情是传统的青梅竹马，指腹为婚。在古老传统的文明下，撒丁岛的爱情似水流长，没有什么风波，仅仅在这个夏天里，撒丁岛突然发生了巨大的变化，小岛里的外乡人越来越多，小岛的平静被打破，两个年轻人在现代文明的冲突下，慢慢发生了变化。男人蠢蠢欲动，想要出去到岛外的世界看看。而女人面对着这些变化只能无可奈何，她对外面的世界怀着恐惧、陌生。最后，就在夏日炎炎的一天，男人随着大轮船离开了撒丁岛。

在罗马城里的爱情，讲的是一个风月老手，在交际圈里如鱼得水，倚靠着女人步步高升。但是，这个男人却毫无归属感，每到夜晚就产生异常的虚无感。在追名逐利的洪流中，他越陷越深。

在最后，城市中的男人回到了故乡——撒丁岛。两个空间的人其实是同一人不同时期的样态。但是，等到城市的人想要回到撒丁岛时，却发现物是人非，故乡已经不是原来的故乡，在现代文明的侵蚀下，已经没有了原有的样态，昔日的情人早已逝去。此时，男人已经成为了故乡的异乡人，无论他走到哪里都没有归属感。

黛莱达在这部小说里所表现的，是她生病期间的困惑。她在回顾自己的人生历程时，也在回顾着自己这一生的选择。她给读者呈现的这个无家可归的男人，正是黛莱达心中"荒原感"的体现。

小说虽然以"夏日炎炎"为书名，但是失魂落魄的无家可归的人在这样热闹的季节里显得更加无助与孤独。这也算是给人们的一种警示。

小说通过悬念的两条线，结构匠心独运，十分巧妙。同样的，对于两个时期不同人物不同状态的心理刻画也十分入理。

第十二章 平静的谢幕

1. 与死神赛跑

20世纪30年代，黛莱达身体每况愈下，从不停歇地创作透支着她有限的精力，她经常不顾苏菲的劝告，几天几夜地通宵写作。

岁月不饶人，她已经不可能像年轻时那样不知疲倦地工作了。

写作时，人的头脑总是在高速运转，可是她现在已经不能好好地控制自己的节奏。她常常失眠，于是便开始服用安眠药。

时间久了，自然会逐渐产生依赖性。家人都劝她，甚至把药藏起来，可是一个老人为了坚持自己毕生的梦想的不懈努力，让他们最终向黛莱达让步。

但是，安眠药有很大的副作用，最终导致黛莱达不能正常写作。

乳腺癌的毒瘤也一直在伺机而动，不时侵扰黛莱达，每当疼痛发作，她只能通过镇痛剂麻痹自己，暂时隔绝自己和来自全身的疼痛的联系。

她的手臂开始痉挛，听力开始衰退，膝盖也得了风湿病，开始萎缩。

与此同时，她急速地消瘦了，一度连莫德桑尼都不敢接受了。

黛莱达的状况时好时坏，有时候她还对食物有明确的喜好。

但是，当知道生命即将走到尽头时，她比过去又显得更随意豁达了。

坐在窗前的摇椅上，她对希尔维说："就这样死去也挺不错的。"

她那种对生命明澈的态度打动了希尔维。

本来就随遇而安的性格在最后时期让人感觉，她像秋天里的一片树叶，恍惚之间就会随风飘落，优美地随风舞动着、旋转着，化作新的泥土。这让希尔维感到难过。

经过希尔维和苏菲的精心照料，黛莱达的身体总算开始好转。

但是，她已经常常写着写着就昏昏睡去，说话时心不在焉，记忆力也严重下降。

后来，癌细胞扩散到了锁骨的位置，她过于凹陷的锁骨很是吓人。

医生告诫她，不能再进行大量的写作。实际上，黛莱达对自己的身体状况已经没有多大的信心了，但她一直坚持，直到因为自己手部肌肉的萎缩而再也不能动笔。

她表现得很坦然，但心里默默难过了很久。她不知道如果不能再写作，自己这副衰老的身躯还有什么存在的意义？

她甚至想提早结束自己的生命，偷偷攒下不少的药片。可是，心思细密的老伴很快发现了她的举动，当着她的面把药片扔掉。

为了使黛莱达振作起来，莫德桑尼经常带她去罗马的各大教堂散心。此时，莫德桑尼也老了。不能再像以前那样忙碌了，他和黛莱达似乎重回青年时代。他们又有大把的空闲时间待在一起。

坐在圣母大教堂前的广场长椅上，莫德桑尼总喜欢指着不远处某个年轻漂亮的姑娘问黛莱达："你知道她让我想起了谁吗？"

黛莱达总是回答说："不知道。"然后，假装气恼地瞪了老伴一眼。

莫德桑尼总是吻一下亲爱的妻子，得意地说："她让我想起了年轻时的你。"

这个游戏，他们永远都玩不腻，就像两个调皮天真的孩子，肆无忌惮地笑起来。他们还喜欢争执着是谁先喜欢上谁，回忆起第一次在朋友家见面的情形。

"你明明一开始就看见我了，还是假装不知道，趁机抱我！"

"你就不知道躲开，像根柱子一样立在那让人抱？"

"所以，你是先瞧中我的。"

"你怎么这么好意思，是你先相中了我！"

……

可是笑声中已露苍凉，他们只是还不想碰触，他们努力抓住对方的手，还想走过更长的光阴。

黛莱达的身体机能日渐衰退，终于有一天，当她从椅子上站起来时，莫德桑尼发现椅子湿了——原来黛莱达开始失禁了。

此后多次发生这样的情况，莫德桑尼忍不住问她是否感到难堪。黛莱达半开玩笑地告诉他，她感觉像回到婴儿时期了。

虽然黛莱达已经不能写作，但是她的意识大多数时候还是很清醒的。

在最后的日子里，她最想做的事，就是记录下自己的一生。于是，苏菲开始用磁带录音的方式记录黛莱达的口述，并且整理成文。这本书就是于黛莱达死后一年出版的自传体小说《柯西玛》。

珂西玛是黛莱达的教名，可是她并不常用，只有少数几个人知道她的这一名字。

小说中的女主人公柯西玛也是从地中海一个偏僻小岛上长大的女孩，但是由命运之神的引领，柯西玛经历着生活的磨砺，最终成为作家。

全书以一种客观冷静的基调描述了柯西玛的一生，就像黛莱达评价她自己那样："我将永远是我——一个对生活问题冷淡而清醒地观察人的真实面貌的人。"

2. 永生在撒丁岛

秋天到了。这是黛莱达最喜欢的季节，因为秋天是适合人沉思默想的。

她耳边总是产生幻听，她听到教堂钟声一声一声从不远不近的地方传来，那声音像极了她在修道院里曾经听到过的，她怀念修道院里的宁静和肃穆，如果她死后可以在那个安静的地方长眠就好了；又像是撒丁岛上努奥罗的教堂的钟声，总是可以让她归于平静。在"当，当，当……"的一声声中，好像时间都停止了。

教堂钟声本身的厚重感就可以使任何一个人在片刻放下身心的疲惫，去看看秋天的景色。

同年，黛莱达完成了小说《孤独的教堂》，将自己对于宗教和上帝的终极思考都展露无遗。在书中，我们依然可以看到明亮的光芒——黛莱达在人生中的最后一年依然给人以希望之光。

晚年的黛莱达对于宗教活动十分虔诚，她定期到教堂与牧师长谈，讨论人生哲理，她预感到宗教终将是人类精神的归宿。

虽然她还有太多太多的问题没有想清楚，而现在一切都来不及了，但她相信上帝赐予人类最好的东西就是爱，因为爱可以包容一切，平复这个动荡的世界。

秋天天气回暖时，她总爱叫人将她的椅子搬到小院子里，一下午一下午地待在那里。

她喜欢看高远的天空，还有树叶渐变的颜色，虽然时光不会倒流，但是大自然永远都是那样——它是唯一不会变老的！

随着暮色的来临，天空的颜色由远到近散射出神奇的光芒，从青色到粉红色再到绯红到金黄，一道白光闪过，黛莱达随大自然进入梦乡。

1936年8月15日，黛莱达在罗马逝世，享年65岁。

人们将黛莱达埋在了修道院的墓地里，意大利举国悼念这位值得尊敬的女作家，无数的人写文章表示自己对她的敬意。

她的墓前总是有几束不知名的鲜花——那是来自世界各国热爱她的读者放在上面的。其中有一张不知名的卡片上写着："如果有来世，你还会出生在撒丁岛。"

附录

黛莱达生平

　　格拉齐娅·黛莱达（Grazia Deledda，1871－1936），意大利女作家，于1871年9月27日出生于撒丁岛一个富裕家庭。

　　她童年时代就酷爱文学。但是受撒丁岛的传统制约，她只上过4年小学便辍学在家，后来，她开始自学，进步很快，13岁便开始发表作品。

　　黛莱达早期的创作受浪漫主义文学影响，此后开始研读现实主义著作，特别是接受以维尔迦为代表的真实主义的创作主张之后，她的小说由浪漫主义转入现实主义，形成自己的独特风格，多以撒丁岛为载体。

　　1899年，她在撒丁岛首府结识丈夫帕尔米罗·莫德桑尼，并在次年完婚，定居在罗马。

　　20世纪初，黛莱达的创作进入成熟期，发表了小说《伊利亚斯·波尔托卢》（1903）、《灰烬》（1904）、《鸽子与老鹰》（1912）、《橄榄园的火灾》（1918）等佳作。这些作品都是以撒丁岛为背景，描写古老、闭塞、宁静的宗法社会如何在将主义强力冲击下瓦解、崩溃的过程，以及岛民所遭受的苦难与精神上的创伤。并且在诗歌，戏剧领域都很有成就。

　　20世纪20年代后，目睹第一次世界大战的惨剧，她的创作又有突破，由撒丁岛转向更广阔的天地，也更注重对人物内在精神世界的描写和挖掘，重要小说有《母亲》（1920）、《孤独者的秘密》（1921）、《飞向埃及》（1927）和《安娜琳纳·毕尔西尼》

（1927）等。

她善于以细腻抒情的笔触描绘撒丁岛的风土人情，人物刻画生动，风格简洁、淳朴。

1926年，她凭借小说《飞向埃及》荣获诺贝尔文学奖桂冠。

1936年8月15日，她因患乳腺癌，逝世于罗马；自传体小说《柯西玛》在她死后出版。

获奖时代背景

二十世纪二三十年代，欧洲各国还在消化第一次世界大战造成的破坏，几乎所有重要的西方工业化国家都被卷入其中，意大利也不例外。，

在一战中，意大利是抱着投机主义心态的，因为意大利虽然位列欧洲大国，但它也是其中最弱的。本指望同交战各方斡旋，以便在卷入冲突时获得想象中的好处。

协约国一方的法国和英国承诺给它提供比奥匈帝国和德国许诺的更多的好处，所以意大利倒向了协约国，但是在巴黎和会时，意大利和法国的迷约许诺失效，意大利实际上没有从一战得到什么好处，所以国内形势并没有得到多大改善，墨索里尼领导的法西斯势力开始横行。

欧陆形势剧变，一改自中世纪以来法德（神圣罗马帝国）轴心争霸的局面，也颠覆了俄国兴起之后西欧的法国，中欧的奥地利到后来的普鲁士、德国以及东欧的俄国鼎立局面。

当时中欧的两大传统强国，奥地利帝国灭亡，领土极度削弱，已经沦为小国，德国虽然保持了大部分领土，但也一蹶不振。东欧的俄国经过十月革命，被排除出欧洲政治主体之外。

加上始终奉行光荣孤立和大陆均势政策的英国，二三十年代的欧洲呈现法国一家独霸的局面，这在法国出兵鲁尔区，英法极力扶植德国制衡法国等事件上都可看见。

但是30年代之后，随着经济大萧条和德国的重新崛起，法国霸

主地位受到挑战，并且对纳粹德国一味退让，再度出现了英法联合对抗德国的国际环境。

战争最深重的影响还发生在经济方面，导致了1929年至1939年之间全球性的经济大衰退。这次经济萧条的情形比任何一次经济衰退的影响都要深远。农业衰退由于於金融的大崩溃而进一步恶化。尤其在美国，一股投机热导致大量资金从欧洲抽回，随后在1929年10月发生了令人恐慌的华尔街股市暴跌。

在再这样的社会环境下，并没有影响到黛莱达的文学创作，从20年代开始，黛莱达的创作又有突破，由撒丁岛转向更广阔的天地，也更注重对人物内在精神世界的描写和挖掘。其中代表作《母亲》"具有风格上的活力、技巧上的功夫、结构与社会的关联"（颁奖辞），意大利著名的文学评论家芮维纳尼称之为"最辉煌的作品"。

黛莱达的作品题材比较窄，但具有浓厚的乡土气息和强烈的道德使命感。她善于以细腻抒情的笔触描绘撒丁岛的风土人情，人物刻画生动，风格简洁、古朴。1926年，"为了表彰她那些为理想所鼓舞的作品以明晰的造型手法描绘其海岛故乡的生活，并以同情心深刻地处理人类的共同问题"，她被授予诺贝尔文学奖。

黛莱达年表

1871年9月27日，黛莱达生于意大利撒丁岛努奥罗城。

1888年，在罗马杂志《新潮》上发表短篇小说《撒丁人的血》。

1890年，出版短篇小说集《在蓝天》。

1891年，出版小说《东方的星辰》。

1892年，出版小说《皇族的爱情》和第一步较有影响的小说《撒丁岛的精华》。

1894年，出版短篇小说集《撒丁岛的故事》。

1895年，出版小说《正直的灵魂》、《引诱》和散文集《撒丁岛努奥罗的民间风俗》。

1896年，出版成名作《邪恶之路》和诗集《撒丁岛的风光》。

1897年，出版小说《宝库》。

1898年，出版小说《客人》。

1899年，出版小说《正义》。

1900年，结婚并迁居罗马；出版小说《深山的老人》；在文学杂志《新作选编》上发表《埃里亚斯·波尔托卢》该书于1930年出版单行本。

1901年，出版小说《黑暗女王》。

1902年，出版小说《离婚之后》。

1903年，在《新作选编》上发表小说《灰烬》，后于1904年出版单行本。

1905年，出版小说《人生游戏》。

1906年，出版小说《思乡》。

1907年，出版小说《现代爱情》和《过去留下的阴影》。

1908年，出版小说《祖父》和《常青藤》。

1910年，出版小说《我们的主》和《临终》。

1911年，出版小说《沙漠》。

1912年，出版小说《鸽子与老鹰》、短篇小说集《变迁》；出版与C.A.特拉维尔西共同改编的剧本《常青藤》。

1913年，出版小说《风中芦苇》。

1914年，出版小说《不是你的过错》。

1915年，出版小说《玛丽安娜·西尔卡》。

1916年，出版小说《看不见的小男孩》。

1918年，出版小说《橄榄园里的火灾》。

1919年，出版小说《浪子回头》和《偷来的女孩》，在《时代》杂志上发表小说《母亲》（1920年出版单行本）。

1921年，出版小说《狐朋狗友》和《孤独人的密码》；出版与C.瓜斯塔拉、V.米凯蒂合著的剧本《恩典》。

1922年，出版小说《活人的上帝》。

1923年，出版短篇小说集《森林中的笛声》。

1924年，出版小说《项链舞蹈》和《向左》。

1925年，出版小说《飞向埃及》。

1926年，获诺贝尔文学奖，出版短篇小说集《为爱情保密》。

1927年，出版小说《安娜琳纳·毕尔西尼》。

1928年，出版小说《老人与儿童》。

1930年，出版小说《圣诞节的礼物》和《诗人的家》。

1931年，出版小说《风的家乡》。

1932年，出版小说《海边的葡萄园》。

1933年，出版小说《夏日炎炎》。

1934年，出版小说《河堤》。

1936年，出版小说《孤独教堂》；在罗马逝世；逝世后出版自传体小说《柯西玛》（1937）和中篇小说《黎巴嫩雪松》。

获奖当年世界大事记

（1926年）

1月8日，阿卜杜勒·阿齐兹·伊本·沙特加冕为麦加国王。

2月8日，德国申请加入国际联盟。

3月12日，日本军舰炮轰大沽口。

3月16日，罗伯特·哥达德发射世界上第一支液体燃料火箭。

3月18日，发生"三·一八"惨案。

3月20日，中山舰事件爆发。

4月20日，段祺瑞辞临时执政职。贾德耀辞代总理职，胡惟德署总理职。

4月25日，巴列维加冕为伊朗国王。

5月，埃尔温·薛定谔证明他的波论与量子力学中的矩阵理论是同等的。

5月26日，第二次里夫战争结束，里夫共和国总统阿卜杜勒·克里姆降于西法联军，后流放留尼汪岛。

6月16日－7月10日，法国与西班牙在巴黎会议，确定恢复1912年条约双方在摩洛哥的殖民地边界。

7月，马克斯·玻恩发表对量子力学的概率理解法。

9月8日，国际联盟接收德国。

12月25日，裕仁登基为日本天皇，改年号为昭和，日本大正时代结束。